ubu

BEATRIZ NASCIMENTO

O NEGRO VISTO POR ELE MESMO: ENSAIOS, ENTREVISTAS E PROSA

ALEX RATTS (ORG.)

PREFÁCIO

7   O corpo-espelho negro
Alex Ratts

ENSAIOS

41   O racismo na mídia
47   A senzala vista da casa-grande
56   A senzala vista da casa-grande: *merchandising* e a contracultura no cinema nacional
64   Mito e ideologia
67   Eu nasci em 1968
78   88 – A causa da liberdade
80   Apresentação de *Orí*
85   Culturas em diálogo
89   Por um território (novo) existencial e físico
107   A palavra e o eu
111   Literatura e identidade

ENTREVISTAS

121   O negro visto por ele mesmo
129   Quilombo: em Palmares, na favela, no carnaval
136   Maria Beatriz Nascimento, pesquisadora, 39 anos
143   Volta à terra da memória
147   *Orí*
150   Marcha de 1988

PROSA

169 Meu negro interno
179 Acerca da consciência racial
189 Hoje é dia do seu aniversário
194 A Zumbi de N'Gola Janga
197 Zumbi de Palmares
200 A primeira grande perda – a morte de vovó
203 Portugal
205 Angola
207 Estudo em Mi maior, *opus* 10, n° 3
211 Invocação a Zumbi dos Palmares

POSFÁCIO
215 À guisa de posfácio
Muniz Sodré
221 Nascida em Beatriz, quilombo e cultura
Bethania Nascimento Freitas Gomes

225 *Referências*
233 *Sobre a autora*
235 *Sobre o organizador*

O CORPO-ESPELHO NEGRO

ALEX RATTS

Em meados dos anos 1970, em várias cidades brasileiras, pessoas negras circulavam por espaços antes não frequentados coletivamente e se apropriavam deles: universidades, casas noturnas e ruas, além de seus espaços habituais – subúrbios, morros e favelas, terreiros, irmandades e quilombos. De estudantes-militantes (também artistas) se tornaram intelectuais-ativistas e deixaram um legado de textos, imagens e ideias que acionam temas acerca da África, da diáspora africana e das relações raciais nas Américas, especialmente no Brasil.

Esta coletânea cobre uma parte da produção da historiadora e ativista Maria Beatriz Nascimento em torno de corporeidade, imagem e território, com realce para as reflexões sobre a representação da população negra na historiografia e nas artes, delineadas em ensaios, entrevistas e textos em prosa. Entre estes, alguns trechos compõem o material elaborado como parte do documentário *Orí* (1989), dirigido pela cineasta e socióloga Raquel Gerber, que tem como um dos pontos principais a trajetória da intelectual militante e os percursos dos movimentos negros.

A formação da figura pública de Beatriz pode ser dividida em três momentos mais ou menos porosos: 1968–74, graduação e pesquisa em arquivo; 1974–88, publicações e entrevistas, pesquisa de campo e documental, uma especialização e um mestrado incompleto, atividade docente e escrita poética; e

1988–95, continuidade da atividade docente e do trabalho com a poesia, retorno à universidade e outro mestrado, interrompido por ocasião de seu falecimento.[1]

Parte desta coletânea abarca o período de 1968 a 1974, os anos de escola e universidade, e inclui textos sobre diferenciações e assimetrias raciais, espaciais e de classe. Entre 1974 e 1977, Beatriz Nascimento emerge com a bagagem de uma pesquisadora em arquivos, de uma leitora crítica da historiografia prevalente – que reduzia a experiência negra à figura do "escravo" – e de uma observadora analítica das relações raciais, de gênero e culturais. De seu punho saem ensaios (sobre raça, história e ciência, sobre a mulher negra e quilombos) e resenhas (sobre a escravidão, sobre cinema). Também comenta publicamente filmes estreados à época e concede duas entrevistas, cobrindo esses temas e indicando o direcionamento de seus estudos para os quilombos em correlação com outros espaços negros. Os textos escritos entre 1977 a 1988 receberão adiante uma atenção particular, porquanto abrangem um período de maior projeção da autora, desde a Quinzena do Negro na Universidade de São Paulo (USP) até o centenário da abolição. O material elaborado ou publicado entre 1989 e 1995 diz respeito principalmente à divulgação de *Orí* e ao mestrado em comunicação.

No fim de janeiro de 1995, após uma discussão, Beatriz foi morta pelo companheiro de uma amiga, albergado em decorrência de pena anterior. O caso despertou a atenção e solida-

---

1 Para abordar a trajetória e a obra de Beatriz Nascimento, do filme *Orí* e de pessoas e grupos afins, recorro à pesquisa no Arquivo Nacional (acervo da historiadora) e do Centro de Estudos Africanos da USP (fontes e documentos referentes ao filme *Orí*), assim como aos seguintes trabalhos: Ratts, 2007; Silva, 2010; Nascimento, 2015; Smith, 2015; Batista, 2016; Trapp, 2018; Silva, 2018; Ferreira, 2020; Reis, 2020.

riedade dos movimentos negros e da imprensa nacional, incorrendo em prisão e resolução penal.

ESTEREÓTIPOS E ESTÉTICA NEGRA

Nos anos 1970, era habitual que intelectuais ativistas dos movimentos negros se interessassem pelo universo artístico-cultural africano e da diáspora, e até que se envolvessem com ele, encarando-o como parte relevante e necessária não só de seu passado mas também de sua presente vida social. Essa tendência aparece inclusive na popularização desse universo entre as comunidades negras, reunidas em terreiros de candomblé e umbanda, escolas de samba e bailes *black*. Algumas formas de expressão cultural, como as do campo da literatura, são apropriadas por indivíduos e coletivos negros, enquanto outras, como as das artes plásticas e do cinema, continuam pouco acessíveis.

No mesmo período, partindo de tendências anteriores, a percepção e a elaboração de uma estética negra se tornam um projeto transnacional entre as Américas – sobretudo Estados Unidos, Brasil, Colômbia – e África – África do Sul, Zaire e outros países –, como parte do processo de descolonização. Os movimentos negros e o movimento *soul*, assim como outras aglutinações comportamentais, desenvolvem um repertório de corporeidade (voz, vestuário, postura), sexualidade, musicalidade e afeto comuns, vivenciados dentro da comunidade negra.

Em vários países da diáspora africana, sobretudo nos Estados Unidos, manifesta-se a vontade de populações negras locais de se verem representadas na televisão e no cinema. Isso toma corpo, por exemplo, no programa *Soul Train*, composto quase integralmente de cantores/as e bandas negros/as e de um grupo de bailarinos/as negros/as que, apesar de racialmente homogêneo, apresentava uma diversidade de compleições físicas e de estilos. Outro quadro se delineia no *blaxploitation*, filmes exibidos nos bailes *soul*, com direção e elenco negros, caracterizados por seu apelo sexual e tematizando sempre a violência.

No Brasil, além da estética das expressões culturais ditas "tradicionais" – escolas de samba, terreiros de candomblé e umbanda, reinados e congados, capoeira –, os movimentos negros tornam-se espaço de formação de vários artistas, a exemplo de designers gráficos, ilustradores de jornais e cartazes, e fotógrafos. Emerge um corpo consistente de literatura negra, concentrado no Rio de Janeiro e em São Paulo. Grupos de dança e teatro se formam em todas as regiões do país, mantendo contato com os Estados Unidos e festivais africanos. Na música, uma quantidade imensurável de artistas é forjada nesse terreno durante o período. O cinema, de modo geral, permanece fora do alcance da população negra das classes populares – uma das exceções é o ator Zózimo Bulbul, que dirigiu *Alma no olho* (1974).

Em sintonia com esse amplo contexto, Beatriz Nascimento demonstra sua preocupação com as imagens negras estereotipadas. Em seu primeiro ensaio publicado, a autora identifica o problema da imagem negra fixada no escravismo: "A representação que se faz de nós na literatura, por exemplo, é a de criado doméstico, ou, em relação à mulher, a de concubina no período colonial" (Nascimento, 2021, pp. 40-41).

O interesse de Beatriz Nascimento pelo campo da imagem e, mais especificamente, pelo audiovisual aparece na referência a quatro filmes: *Compasso de espera* (1973), dirigido por Antunes Filho, *Xica da Silva* (1976) e *Quilombo* (1984), ambos com direção de Cacá Diegues, e *Orí* (1989) de Raquel Gerber. Ela escreve também sobre dois seriados adaptados de obras literárias de Monteiro Lobato e Alex Haley, respectivamente: *Sítio do Picapau Amarelo*, dirigido por Geraldo Casé e exibido entre 1977 e 1986, e *Roots* (*Raízes*), produção estadunidense dirigida por Marvin J. Chomsky, John Erman, David Greene e Gilbert Mose, e exibida nos Estados Unidos em 1977. Todas essas obras têm personagens negras como protagonistas ou em segundo plano, e estavam em circulação à época.

Compasso de espera foca um casal inter-racial de classe média, interpretado por Zózimo Bulbul e Renée de Vielmond. A atriz desenvolverá a partir daí uma carreira na televisão e no cinema, e o ator virá a ser também diretor, tornando-se figura fundamental para o que, duas décadas depois, será denominado "cinema negro". Em 1976, o *Jornal de Debates* convoca os atores Milton Gonçalves e Ruth de Souza para uma conversa com Beatriz Nascimento. Esta discute a obra do ponto de vista de historiadora, militante e partícipe da relação entre cinema/arte e sociedade: "O tratamento dado ao problema racial ficou muito diluído, por ter apresentado um personagem atípico e com vários outros problemas. Eu digo isso porque é uma coisa que sinto, por ser também uma negra atípica, professora, pesquisadora" (Nascimento, 1976, p. 7).

Em 1963, Cacá Diegues havia feito *Ganga Zumba: rei dos palmares*, tendo como protagonista o ator Antonio Pitanga. Treze anos mais tarde, em *Xica da Silva (1976)*, com Zezé Motta no papel principal, o diretor recebeu elogios e críticas de vários lados. A mais enfática veio de Beatriz Nascimento, que concentra a argumentação em três pontos: os problemas históricos e raciais de superestimar a narrativa colonizadora, branca e masculina; a confecção de um filme que não condiz com a efervescência e consciência negras, sobretudo da juventude – estas abarcavam desde a apropriação da música *soul* e *rhythm & blues*, passando pela construção da autoestima e pela oposição ao discurso da harmonia racial, até a organização política de fato –; por fim, o questionamento da representação da mulher negra como hipersexualizada e submissa:

> Portanto, Xica da Silva vem reforçar o estereótipo do negro passivo, dócil e incapaz intelectualmente, dependente do branco para pensar. Seu comportamento com o contratador é o de uma criança piegas que não atina com o que quer. A Xica da Silva da história é uma mulher prepotente e dinâmica, atenta ao seu redor, o que está de acordo com a situação da mulher em determinadas estruturas africanas e que em parte foi transferido para o Brasil. (pp. 53-54)

Voltando a um argumento enunciado no primeiro ensaio, a autora critica o retorno a representações elaboradas no período escravista: "Mas não, é mais fácil tratá-la como o mito da sexualidade aberrante que foi desenvolvido em quatro séculos de domínio e exploração da mulher negra" (p. 54). A esses estereótipos a autora contrapõe a posição proeminente das mulheres nas comunidades religiosas afro-brasileiras e as imagens das orixás femininas. Cabe ressaltar que a crítica de Beatriz Nascimento se volta ao diretor e à representação da mulher negra – em especial, à da figura de Xica da Silva –, mas não à atriz Zezé Motta. Muito mais tarde o diretor rememorará a resenha publicada e afirmará ter contornado o caso:

> A socióloga [sic] Beatriz Nascimento, por exemplo, revoltada com *Xica da Silva*, decretava, em artigo de outubro de 1976, que eu estava "senil" e propunha o encerramento de minha carreira de

cineasta, que eu fosse impedido de fazer novos filmes. Seu texto fora publicado no semanário *Opinião*, jornal de resistência à ditadura, dirigido por Fernando Gasparian, onde escrevia gente como Fernando Henrique Cardoso e Celso Furtado. Mas não só continuei a fazer filmes, como acabei me aproximando de Beatriz Nascimento, que viria a colaborar na pesquisa para o roteiro de *Quilombo*, filme rodado em 1983. (Diegues, 2014, p. 419)

Análises posteriores dessa polêmica em geral omitem a presença de Beatriz Nascimento na ficha técnica da obra seguinte como consultora, junto com Lélia Gonzalez, Joel Rufino dos Santos e Roberto DaMatta (Nadotti & Diegues, 1984, p. 184). Parte do impacto da resenha que ainda hoje reverbera em estudos sobre a questão racial e o audiovisual advém do fato de sua autora ser uma mulher negra, intelectual e ativista, persona não prevista no discurso público, nem mesmo entre a esquerda de classe média.

No caso de *Quilombo* (1984), as referências para a elaboração do roteiro do filme são assim apresentadas: "pesquisa livremente inspirada nos livros *Palmares, a guerra dos escravos*, ensaio de Décio Freitas, e *Ganga Zumba*, romance de João Felício dos Santos" (Nadotti & Diegues, 1984, p. 183). Não consta que o diretor, também roteirista, tenha consultado obras conhecidas de autores negros sobre Palmares, como Edson Carneiro e Clóvis Moura, ou mesmo algum dos artigos de Beatriz Nascimento, que àquela altura estava imersa na pesquisa com quilombos.

Quilombo também divide posicionamentos, muitas vezes em colocações extremas. No acervo de Beatriz Nascimento, há apenas um prospecto de divulgação do filme em que ela aparece na consultoria (Arquivo Nacional, 2018). Lélia Gonzalez (1984), cientista social, militante e professora da Pontifícia

Universidade Católica do Rio de Janeiro (PUC-Rio), publica na *Folha de S.Paulo* um artigo bastante positivo sobre esse trabalho de Diegues, no qual contrapõe a representação fílmica "animada" ao quadro social da população negra de exploração e violência.

Voltando à segunda metade da década de 1970, algumas notas publicadas no *Jornal do Brasil* registram, mais uma vez, o trânsito de Beatriz Nascimento e de outras personas negras em circuitos artísticos e intelectuais, com apoio de instituições culturais:

— "O negro hoje" é tema da mesa-redonda que se realiza às 20h de hoje na Escola de Artes Visuais, sob a coordenação de Lélia Gonzalez, do Instituto de Pesquisas das Culturas Negras. O encontro encerra o ciclo de homenagem a Zumbi e terá a participação de Beatriz Nascimento, Didi e Juana dos Santos, Lea Garcia, Roy Glasgow, Rubens Gerchman e Rubem Valentim, entre outros. Após os debates, será exibido o filme *África, mundo novo*. Entrada franca. (*Jornal do Brasil*, Caderno B, 30 nov. 1977, p. 8)

— O Consulado Geral Americano promove hoje, após a exibição do último filme da série *Roots* (Raízes), debate sobre a obra de Alex Haley, em português, com participação dos professores Michael Turner e Mary Karasch, atualmente lecionando na Universidade de Brasília, e da socióloga [sic] Beatriz Nascimento, do Centro de Estudos Afro-Asiáticos da Faculdade Cândido Mendes [...]. (*Jornal do Brasil*, Caderno B, 5 jun. 1978, p. 7)

— Começa segunda-feira na sede do Ibam [Instituto Brasileiro de Administração Municipal] um simpósio sobre relações inter-raciais. Participam as sociólogas [sic] Lélia Gonzalez e Maria Beatriz Nascimento, o antropólogo Roberto DaMatta e o professor Marcos Margulies, e, como coordenador, o professor Manoel Maurício. (*Jornal do Brasil*, 1º Caderno, 31 mai. 1979, p. 6)

No dia do evento, o mesmo periódico anuncia a organização do evento pela Casa de Cultura de Israel e informa a composição da mesa: Beatriz Nascimento, historiadora, fala sobre "o negro", Roberto DaMatta, sobre "o índio", e o sociólogo Manoel Maurício de Andrade. Para a ocasião, a autora elabora e apresenta a comunicação "O racismo na mídia", que traz o comentário de duas crianças, uma negra e outra branca, ambas com dificuldade de empatizar com as personagens negras do *Sítio do Picapau Amarelo* por causa da desqualificação social destas, desqualificação que Beatriz Nascimento põe em evidência ao citar uma parte do texto em que o autor inferioriza Tia Anastácia, a cozinheira. A historiadora chama atenção para o peso dessas representações sobre a população negra, principalmente sobre as crianças, e aponta a ausência de representações de pessoas negras que em várias épocas combateram o racismo e se portaram de formas diferentes daquela representada. Isso antes de virem à tona os vínculos de Lobato com ideias eugênicas (Feres Jr. et al., 2013; Reginaldo, 2019).

No mesmo período, Beatriz Nascimento é chamada pela revista *Manchete* para discutir a exibição no país da série *Roots*, exibida no mesmo canal que o *Sítio do Picapau Amarelo*. Participaram da matéria a atriz Jacyra Silva, o ator Milton Gonçalves e o embaixador Raimundo Souza Dantas. Nela, Beatriz formula a ideia de que mesmo um artefato televisivo ou fílmico feito por gente negra e com grande impacto exige a existência, no país, de circuitos políticos negros responsáveis pela recepção do material e mediação do debate com o público geral. A pesquisadora compara duas instâncias de organização política que poderiam desempenhar, com ressalvas, esse papel: o abolicionismo e os movimentos sociais que estão surgindo nos anos 1970, protagonizados por pessoas negras. Entre outros assuntos, a matéria se debruça então sobre as mobilizações políticas, culturais e estéticas em curso entre Rio de Janeiro e São Paulo. É como estudiosa das relações raciais e também de sexo ("gênero" é termo posterior) que Beatriz Nascimento entra no campo de discussão de imagens, consagrando-se como comentadora crítica desse conjunto audiovisual.

DA QUINZENA DO NEGRO A ORÍ

Repórteres e cineastas passaram a demonstrar certo interesse pelos movimentos negros emergentes no país da segunda década dos anos 1970 em diante, principalmente até o centenário da abolição e a promulgação da Constituição de 1988. A Quinzena do Negro na USP, realizada entre 22 de maio e 8 de junho de 1977, foi organizada pelo sociólogo Eduardo de Oliveira e Oliveira, e constituiu-se em um evento multitemático e multilocalizado, com mesas, conferências e debates, exposição de filmes, jornais da imprensa negra e arte afro-brasileira. Por seu ineditismo e lastro, foi alvo dos jornais *Folha de S.Paulo*, *O Estado de S. Paulo* e *Jornal do Brasil*.

O jornalista Gabriel Priolli Neto e a cineasta e socióloga Raquel Gerber, formados na USP, registraram em vídeo parte do evento, com intenções distintas. Priolli Neto, em trabalho para a TV Cultura, entrevistou Eduardo e Beatriz acerca do evento e, noutra situação, o jornalista e militante Hamilton Cardoso, além de pessoas negras do campo da militância, do esporte ou dos bailes *soul*. Quando o jornalista se deu conta da extensão dessa cena na capital paulista, a reportagem se avolumou além do esperado. Na edição, o apresentador Paulo Roberto Leandro anuncia um novo repertório de imagens e discursos:

Mas do contato com as fontes de informação, da convivência com ideias e pessoas da Quinzena, a filmadora foi rodando livremente, captando um material mais volumoso do que aquele que caberia numa reportagem normal, do dia a dia. As pessoas foram falando, abrindo o coração para externar coisas muito íntimas e compor um quadro do pensamento negro no Brasil de hoje. É isto que estará em seu vídeo a partir de agora: negros falando de negros, negros falando de brancos e uma nova visão do problema racial. (Priolli Neto & Figueiredo Neto, 1977)

As cenas com Eduardo de Oliveira e Oliveira são gravadas em um ambiente doméstico. Após a primeira pergunta do entrevistador, Eduardo pontua que o principal objetivo da Quinzena é alterar um regime de visibilidade: "O objetivo primordial da semana foi trazer o negro para o interesse e o centro de preocupações, mesmo que fosse por quinze dias. Para fazer com que [...] ele deixasse de ser invisível, que só aparece no carnaval e no futebol, para ser apresentado como homem, como criador e criatura" (Priolli Neto & Figueiredo Neto, 1977).

A relevância da Quinzena do Negro decorre principalmente do teor, do temário e da montagem do evento, além das participações e de sua sintonia com a cena negra na capital paulistana. Sem voltar muito no tempo, cabe lembrar que em 1969 foi criado o Centro de Cultura e Arte Negra (Cecan), cujos integrantes tinham ligações com grupos anteriores, a exemplo da Frente Negra Brasileira. Para citar alguns, a atriz e dramaturga Thereza Santos e o sociólogo Eduardo de Oliveira e Oliveira escreveram a peça *E agora falamos nós* (1971-73), título que denota um dos sentidos da luta negra no período. O estudante de jornalismo Hamilton Cardoso é um dos integrantes da encenação. Mais à frente, ele e outros ativistas, como Rafael Pinto, se inserem na seção Afro-Latino-América do *Versus*, jornal de esquerda. Várias dessas personas compõem o evento de 1977.

Vale trazer a percepção jornalística, ligada a veículos distintos que cobriram o evento, composto de conferências e mesas na Faculdade de Psicologia da USP, exposição de "objetos afro-brasileiros" no Museu de Arqueologia, organizada pelo historiador da arte Marianno Carneiro da Cunha, mostra de jornais da Imprensa Negra (1918–65) pertencentes ao arquivo de Eduardo de Oliveira e Oliveira e exibição de filmes no Museu da Imagem e do Som (MIS).

— A Quinzena significa, aparentemente, a mais ampla das manifestações ligadas à cultura negra em São Paulo nos últimos tempos. "O que não significa que será bem-sucedida", de acordo com um dos estudantes negros da USP. Para ele, a Quinzena irá depender do grau de conhecimento e capacidade dos conferencistas e da independência com que forem conduzidos os debates (*O Estado de S. Paulo*, 22 mai. 1977, p. 35).

— O sociólogo negro tem se entusiasmado com o público heterogêneo que comparece às conferências e debates na USP: Os negros presentes têm feito perguntas altamente consistentes, e isso é bom, pois eles estão muito habituados a ouvir um monólogo, e não é comum que se aventurem a formular suas dúvidas, por acharem que nunca têm de contestar coisa alguma. Vi diálogos que devem ter surpreendido aos interlocutores. (*Jornal do Brasil*, Caderno B, 28 mai. 1977, p. 4)

— Segundo o professor Eduardo de Oliveira, o objetivo principal da Quinzena é descobrir como se encontram os descendentes dos escravos no Brasil, quase noventa anos depois da Abolição. [...] Hoje, esta preocupação já tomou dimensões bem mais amplas, de acordo com Oliveira e Oliveira. Ele encontra a busca da iden-

tidade do negro nos movimentos de libertação da África, na indicação de Andrew Young como embaixador dos Estados Unidos na ONU, e conclui: "Tudo isto tem reflexos sobre o negro brasileiro, que começa a querer conhecer-se, a dirigir-se a si mesmo".
(*Folha de S.Paulo*, 31 mai. 1977, p. 31)

Nos discursos captados pela imprensa, torna-se nítido o processo de conquista da voz e dos espaços públicos pela militância negra, acadêmica ou não. Na mostra de filmes que integrava o evento, todos os onze diretores eram brancos. Na lista estavam *Barravento* (1962) de Glauber Rocha, *Ganga Zumba* de Cacá Diegues e *Compasso de espera* de Antunes Filho.

Entre os conferencistas constavam Beatriz Nascimento, da Fundação Getúlio Vargas do Rio de Janeiro (FGV-RJ), com o tema "quilombos"; a antropóloga Juana Elbein dos Santos, da Sociedade de Estudos da Cultura Negra no Brasil (Secneb), com "religiões"; Maria Célia Viana do Instituto Brasileiro de Estudos Africanistas (Ibea), com "cor e censo"; Irene Barbosa, da Pontifícia Universidade Católica de Campinas (PUC-Campinas), com "família negra"; uma mesa de estudantes brasileiros com Hamilton Cardoso e Rafael Pinto, entre outros, após exibição de uma entrevista com Alex Haley, autor de *Roots*; e Eduardo de Oliveira e Oliveira, com o tema "etnia e compromisso intelectual".

A elaboração do documentário *Orí* começou com o encontro entre Beatriz e Raquel na Quinzena do Negro, na qual a primeira fazia a referida conferência sobre a historiografia do quilombo. O filme, cuja produção durou cerca de uma década, condensa uma trama entre trajetórias: a de Beatriz Nascimento (procedência, migração, pesquisa com quilombos); a do dirigente religioso e cultural Tata Wndebeoacy (Oswaldo Rodrigues Jr.); e a dos movimentos negros e das expressões culturais negro-africanas no Brasil. Ao fim, tornou-se uma obra rara cujo foco é uma intelectual militante negra em atividade, a um só tempo personagem (junto de sua pesquisa), autora dos textos e narradora.[2] Raquel Gerber, nascida em São Paulo, é filha de imigrantes judeus, mãe polonesa e pai russo. Seu percurso público vem de sua formação em ciências sociais na USP e do estudo sobre Glauber Rocha e o Cinema Novo. No livro *O mito da civilização atlântica: Glauber Rocha, cinema, política e a estética do inconsciente* (1982), a pesquisadora narra a aproximação com o cineasta cinemanovista: "O intelectual buscava o país e suas referências de origem através de sua própria memória. Nesta dimensão, vamos juntos com Glauber em busca da recordação através de si próprio – a descolonização da pessoa. Como é que uma arqueologia do sujeito pode revelar o social?".[3] Gerber aponta que Glauber Rocha tinha em mente o "colonialismo" existente no país e a visão de um "mar Atlântico" com longos vínculos e vincos históricos. O eixo do trabalho do cineasta, contudo, não era étnico-racial.

2 Da ficha técnica do filme, cabe destacar a direção de fotografia de Hermano Penna, que havia feito *África, mundo novo* (1981); a trilha sonora de Naná Vasconcelos; a montagem de Roberto Neiva Moreira com assistência de Maria Cristina Amaral – que fez outros trabalhos com Raquel Gerber, como *Abá* (1992), e tem sido reconhecida atualmente nos circuitos do cinema negro.

3 Anteriormente, Raquel trabalhara em pesquisa histórica sobre o cinema brasileiro dos anos 1950 e 1960. Fizera a coprodução dos filmes *O rei da noite* (1975) e *Lúcio Flávio, o passageiro da agonia* (1977), do cineasta Hector Babenco. Em paralelo com a feitura do filme, escreveu dissertação sobre Glauber Rocha e o Cinema Novo que daria origem a um livro a respeito do tema (Gerber, 1982a) e elaborou o estudo *O cinema brasileiro e o processo político e cultural (de 1950 a 1978)* (Gerber, 1982b).

A confluência entre Beatriz e Raquel, provenientes de diásporas distintas – uma mulher negra e outra judia –, também representa a justaposição de dois estudos sobre a relação África-Brasil: a primeira com foco na região Congo-Angola e a segunda na parte Ocidental. Em 1978, Nascimento iniciou a pesquisa *Sistemas sociais alternativos organizados pelos negros: dos quilombos às favelas*, trazendo a possibilidade de continuidade entre essas duas formações espaciais no Brasil (Nascimento, 2021, pp. 109-19). Além de estudos bibliográficos e cartográficos, ela realizou um trabalho com perspectiva antropológica no povoado de Quilombo, município de Carmo da Mata (MG), onde havia um reinado, uma irmandade e um congado; portanto, alusões aos reinos da África subsaariana. No ano seguinte, viajou a Angola em busca de referências do *kilombo* africano, instituição guerreira contemporânea da Rainha Nzinga Mbande e do Quilombo dos Palmares, na segunda metade do século xviii. Todo esse quadro aparece transcriado no filme.

Na parte do acervo de Beatriz referente ao filme, há registros dos diálogos que ela teve com Raquel entre 1980 e 1984. No intervalo que vai desde os primeiros contatos entre elas até seu reencontro no documentário, cada uma se desenvolveria em sua própria perspectiva e em seu próprio ofício. Em maio de 1980, ambas fizeram a primeira gravação para o filme, tratando de *kilombos*/quilombos, irmandades, reinados e congados; participou da primeira parte da conversa também a atriz, dramaturga e ativista Thereza Santos. Dessas gravações, algumas falas da historiadora e poeta foram selecionadas e transpostas para o filme. Em um dos documentos de apresentação da obra após a morte de Beatriz Nascimento, a cineasta sintetiza o papel da historiadora: "A trajetória de pesquisa de Beatriz está retratada no filme *Orí*, que dirigi, sendo Beatriz a personagem principal, com seus textos e reflexões" (Arquivo Nacional, 2018).

No portfólio do filme (Gerber, 1989), há alguns textos curtos que mostram as linhas gerais do processo de elaboração, as aproximações e diferenciações entre Raquel Gerber e Beatriz Nascimento:

> Através do encontro com as pesquisas da historiadora negra Beatriz Nascimento (1977) sobre a história e a ideologia dos "quilombos", *Orí* acaba por resgatar a Continuidade histórica dos povos de origem banto no Brasil. [...]
>
> Em 1980, as pesquisas cinematográfica e histórica de Raquel Gerber e Beatriz Nascimento se encontram.
>
> E a identidade negra vai se construindo em *Orí* através da história de vida de Beatriz Nascimento e sua pesquisa do quilombo. [...]
>
> *Orí* se inicia em 1977 como uma pesquisa cinematográfica de Raquel Gerber sobre a história e a identidade negra no Brasil.
>
> Se encontra com outra investigação histórica de Beatriz sobre o "quilombo" como história, ideologia e organização autônoma negra na América. [...]
>
> O conceito de quilombo passa a ser o fio condutor do filme.
>
> Sobre um panorama de um documento-história sobre os movimentos negros no Brasil (anos 1970/1980), *Orí* conta a história de uma mulher, Beatriz Nascimento, historiadora e militante, que busca sua identidade através da pesquisa da história dos "quilombos" como estabelecimentos guerreiros e de resistência cultural, da África do século xv ao Brasil do século xx.

Além da Quinzena do Negro, cujas tomadas não foram planejadas, o longa inclui imagens de alguns eventos dos movimentos negros que articulam ideias de consciência e cultura negra: o Festival Comunitário Negro Zumbi (Feconezu), composto de apresentações culturais e debates, que foi realizado em várias cidades paulistas na passagem da década de 1970 para a seguinte (Silva, 2012), e o III Congresso de Cultura Negra das Américas, coordenado por Abdias Nascimento e sediado na PUC-SP em 1982.

Várias cenas de *Orí* foram gravadas na África Ocidental: nas terras do povo Dogon, no Mali e na Ilha de Gorée, próxima a Dakar no Senegal, porto de navios escravistas, onde está situada a "Casa dos Escravos", ponto em que as pessoas capturadas eram separadas por gênero, idade, peso e condição de saúde. No edifício, há uma passagem que leva diretamente ao mar, hoje conhecida como "porta do não retorno". Outras cenas são registradas em espaços negros da cidade de São Paulo conectados pela diáspora e no discurso de Beatriz Nascimento: terreiros, escolas de samba, bailes *soul*; locais marcados pela estética corporal afro--americana e pontos de encontro do movimento negro.

Em paralelo à elaboração do documentário, Beatriz Nascimento prossegue participando de eventos em que se discute cinema. Em janeiro de 1981, a Sociedade de Cultura Negra no Brasil (Secneb) realizou em Salvador o evento Cinema e Descolonização, em que a historiadora tomou parte. No mesmo ano, Raquel Gerber finalizou o documentário *Ilê Xoroquê*, sobre um terreiro de candomblé de nação Angola-Muchicongo, na cidade de São Paulo. No segundo semestre de 1982, na revista *Filme Cultura* da Embrafilme, o intelectual e crítico de cinema Ismail Xavier incluiu uma síntese do evento do Secneb, no qual foram discutidas, não sem polêmica, marcas do sistema colonial em produções cinematográficas, a exemplo de determinadas obras do Cinema Novo e da produção nacional dos anos 1970.

No evento, Beatriz reiterou as críticas ao filme *Xica da Silva*, especificando mais ainda o caráter estético-político de sua observação ao chamar a atenção para a instauração de um "novo mercado do negro" com "produção sobre" o negro – ao mesmo tempo que emergia uma "produção do" negro. Aqui merece destaque a intervenção de Muniz Sodré acerca das tentativas de imagens de inversão que em nada alteram "a estrutura de preconceitos e discriminações" (Sodré apud Xavier, 1982, p. 25). Entre 17 e 29 de agosto de 1988, o MIS e a Fundação Cinemateca Brasileira organizaram o evento Cinema e Escravidão: Ciclo de Filmes e Debates para promover a discussão da relação entre cinema e história. À mesa de abertura intitulada "Colonialismo, escravidão e racismo" seguiram-se filmes nacionais e estrangeiros, feitos por diversos cineastas, entre os quais alguns conhecidos, e nessa ocasião foi exibido *Ilê Xoroquê*. A mesa de encerramento "A resistência política e cultural do negro", coordenada por Bete Mendes e apresentada por Thereza Santos, contou com a participação de Beatriz Nascimento e do antropólogo Kabengele Munanga.

Orí foi finalizado em 1989, mas cabe observá-lo em correlação com outros filmes realizados por ocasião do centenário da abolição: *Abolição* (1988), de Zózimo Bulbul, o primeiro e único do período de um diretor negro, era um longo documentário constituído a partir da recriação de cenas dos atos formais abolicionistas, de pinturas e gravuras do período escravista, de comentários de personalidades negras (incluindo Beatriz Nascimento e Lélia Gonzalez) e de imagens de expressões culturais afro-brasileiras. *O fio da memória* (1991), de Eduardo Coutinho, tem como mote o centenário da abolição. Além de evidenciar alguns dos processos históricos – e culturais, políticos, religiosos – que marcam a trajetória da população negra no Brasil, ele se detém em alguns personagens, como Gabriel dos Santos, construtor da chamada "Casa da Flor", edificada ao longo de dezenas de anos com fragmentos de materiais de construção.

Dois documentários, menos conhecidos pelo público amplo, foram bastante vistos e mencionados pela militância negra: o curta *Quando o crioulo dança* (1988), da atriz, roteirista e diretora Dilma Lóes, que recebeu um prêmio da Associação Brasileira de Vídeo Popular, e *As divas negras do cinema brasileiro* (1989), da dupla de documentaristas Vik Birkbeck e Ras Adauto da Enugbarijô Comunicações.

No filme de Lóes, brancas e brancos se sentem à vontade para falar da questão racial diante de uma entrevistadora racialmente semelhante. Integrantes do Instituto de Pesquisas das Culturas Negras (IPCN), como o fotógrafo Januário Garcia e o sociólogo Marcos Romão, um coronel da Polícia Militar do Rio de Janeiro (PMRJ), além de outras pessoas negras, apontam o que se tornaria mais explícito nas décadas seguintes: o racismo estrutural, além do individual. O documentário se encerra com a "Marcha contra a farsa da abolição", realizada em 1988 e proibida de chegar ao monumento a Zumbi dos Palmares, no Rio de Janeiro. No documentário de Vik e Adauto, com entrevistas de Mali Garcia e uma inserção de Lélia Gonzalez, alternam-se falas de Ruth de Souza, Léa Garcia, Zezé Motta, Zenaide e Adele Fátima narrando suas trajetórias, os obstáculos do racismo colocados no campo das artes e as estratégias de enfrentamento e superação acionadas por cada uma.

Esses quatro filmes trazem em comum a referência ao processo histórico, capitalista, colonialista e escravista; a explicitação do racismo, seja em sua variante individual seja em sua manifestação coletiva (estrutural); e a afirmação das expressões culturais negras diante dessa história. Comum a eles é também um discurso – elaborado esteticamente de distintas formas nos diferentes filmes – que aproxima cinema e sociedade, facilitando, assim, sua recepção e crítica para além dos circuitos estritamente cinematográficos.[4] No segundo semestre de 1989, *Orí* é lançado no país. Em setembro, é exibido em Salvador, com posterior entrevista de Beatriz Nascimento para o *Jornal do Movimento Negro Unificado* (MNU). Em novembro, foi a vez de Goiânia numa programação relativa ao "dia nacional da consciência negra", distribuída em dois dias e organizada pelo MNU-Goiás e pelo Centro de Estudos Brasil-África da PUC-Goiás. Entre 19 e 24 de novembro de 1990, a Fundação Cultural *Prometheus Libertus*, de Florianópolis, promoveu o evento Sou Negro, com filmes, debates e apresentações culturais. Na programação consta a exibição de *Orí* com participação de diretora e narradora. No mesmo ano, ainda, lançamentos ocorreram em São Paulo, Brasília e outras cidades.

Entre festivais de cinema, eventos negros e outros, Raquel e Beatriz fizeram diversas viagens de divulgação do documentário, destacando sua importância para a sociedade brasileira e para a diáspora africana. Exemplo disso foram o Festival Pan-Africano de Cinema e Televisão de Ouagadougou (Fespaco), ocorrido em 1991 no Burkina Faso, com a presença de Raquel Gerber, no qual foi premiado, e o simpósio Cultura Negra no Brasil, realizado em 1994 na Alemanha.

No caso de Beatriz, esse périplo pode ser compreendido como um envolvimento ativista, em perspectiva decolonial, agregando a seu temário vasto, variado, mas conexo, um filme

---

4 Na segunda edição de *O negro brasileiro e o cinema* ([1988] 2001), de João Carlos Rodrigues, o autor comenta *Abolição* e outros filmes do mesmo diretor. No livro não há nenhuma referência a *Orí, O fio da memória* e *Quando o crioulo dança*.

denso e complexo que leva sua marca de personagem, pesquisadora, escritora e narradora. Esses anos coincidem com seu retorno ao universo acadêmico, mais precisamente ao mestrado na Escola de Comunicação da Universidade Federal do Rio de Janeiro (ECO-UFRJ), interessada em estudar a questão étnico-racial na obra de ficção de Muniz Sodré, seu orientador.

O ano de 1995, quando morre Beatriz Nascimento, é marcado também pela rememoração dos trezentos anos da morte de Zumbi dos Palmares. No mês de novembro, muitos eventos pontuam o país: a Marcha do Movimento Negro e aliados, com 30 mil pessoas, e o I Encontro de Comunidades Negras Rurais em Brasília.

No que concerne aos temas em pauta nesta coletânea, destacam-se a Mostra Momentos do Cinema Afro-Brasileiro, com curadoria de Raquel Gerber e ocorrida em novembro no Cinusp, com exibição de *Barravento*, de Glauber Rocha, *Xica da Silva*, de Cacá Diegues, *África, mundo novo*, de Hermano Penna e José Antonio Barros Freire, *Alma no olho*, de Zózimo Bulbul – o único cineasta negro da mostra – e o próprio *Orí*.

Desde seu lançamento, o documentário vem sendo exibido no cinema, na TV e em eventos relativos às questões negras, raciais e diaspóricas. Frequentemente vinculado à trajetória e à obra de Beatriz Nascimento, o filme é uma obra reconhecida em círculos especializados, tendo ampliado seu público e se tornado alvo de alguns estudos após a conversão da película para o formato digital em 2009.

CORPO: MAPA, DOCUMENTO E TERRITÓRIO

Na narração feita por Beatriz Nascimento e editada para *Orí*, são notórios os trechos em que imagem e voz tratam da corporeidade negra na memória africana e no cotidiano das cidades, entre outras situações. Esse tema aparece em alguns textos da autora, escritos em épocas diferentes, sem constituir um *corpus* fechado (em que pese o trocadilho). Em um de seus primeiros ensaios, "Meu negro interno", escrito na década de 1970, ela aponta a trama entre passado e presente em seu esforço para conhecer o racismo em várias de suas formas, inclusive corporais e espaciais, tomando a experiência pessoal, familiar e próxima como reflexo: "tento chegar o mais perto de como subjetivamente reagimos diante de uma realidade tão opressora; de como resolvemos as questões que nos fustigam, hoje, nossas mentes, ontem nossos corpos" (Nascimento, 2015, p. 90).

Os traumas da escravidão e suas inscrições no corpo, percebidos por uma mulher negra, aparecem muitas vezes em suas falas e em sua escrita. No mesmo ensaio, ela retoma cenas de violência sexual no período escravista e seus efeitos, dentre eles a eliminação da possibilidade de amar: "Acredito que cada vez que se fazia amor com um senhor, parte do amor ia morrendo, ou se cristalizando em alguma parte do corpo doído, ao lado das outras partes traumatizadas pelo facão, a corrente, o chicote. Ficava ali esquecida..." (p. 171). Esse esquecimento se transfigura na solidão das cenas contemporâneas de racismo pelas quais passa a personagem do texto, conduzindo seu "negro interno": "Mas eu só o estou conhecendo, e conhecê-lo é justamente expô-lo, perguntar e encontrar respostas, no fundo esclarecedoras como a do meu, ou como a do porteiro do edifício. Conhecê-lo é estar só, como era no canavial, como no tronco, como agora" (p. 178).

O escritor e ativista James Baldwin ([1972] 1973), no ensaio *E pelas praças não terá nome*, relata uma cena de sua militância pelos Direitos Civis. Numa cidade do sul dos Estados Unidos, quando sofre tentativa de assédio por parte de um xerife que, segundo ele, tinha o poder de decidir a interrupção ou continuidade de um linchamento, o autor reimagina o passado escravista, as interações violentas, os contatos corpóreos sem sentimento nem consentimento, a supressão do amor para a pessoa escravizada: "O escravo sabe, muito embora o seu mestre [senhor] possa ficar desiludido nesse ponto, que ele é chamado um escravo porque sua masculinidade foi, ou pode ser, ou será, tomada dele" (ibid., p. 49). Como aponta o autor, nem mesmo o fato de que alguns senhores e escravizados tenham experimentado afeição um pelo outro elimina o teor dessas relações.

A expressão "corpo-mapa" aparece em uma das cenas de *Orí*, quando a câmera se volta para a pista de dança do baile *black* em que as pessoas, praticamente todas negras, se movem suavemente, no aparente intervalo do *show*, e a voz de Beatriz Nascimento projeta o conteúdo do texto para passados remotos:

> Entre luzes e sons só encontro o meu corpo antigo. Velho companheiro das ilusões de caçar a fera. Corpo de repente aprisionado pelo destino dos homens de fora.
>
> Corpo-mapa de um país longínquo que busca outras fronteiras que limitem a conquista de mim.
>
> Quilombo-mítico que me faça conteúdo das sombras das palmeiras. Contornos irrecuperáveis que minhas mãos tentam alcançar.

Suas palavras nos remetem ao Quilombo dos Palmares, confluência de grandes movimentações geopolíticas entre colonizadores e colonizados, mas também dos deslocamentos do corpo-mapa negro-africano na escala local – transmigração – como o processo de fuga que, igualmente, pode ser de busca em um território desconhecido.

Tendo por fundamento seus estudos sobre quilombos, suas reflexões em *Orí* e alguns textos incluídos nesta coletânea, é possível inferir que, entre duas temporalidades e uma única cartografia, o corpo-marca é o africano, antigo, portador da memória das organizações políticas de Kongo, Ndongo, Matamba, Benguela (área Congo-Angola), Oyó e Dahomey (Nigéria e Benin). Pode ser o corpo amefricano que traz inscrições de quilombos (*cimarrónes*, *maroons*, *cumbes*, *palanques*) e de várias expressões culturais: *blues*, *jazz*, jongo, congado, samba, tambor de crioula, marabaixo, reggae, *vogue*, funk e rap.

De um lado, o corpo negro – proibido, pelo código penal em 1890, de exercitar no espaço público práticas culturais como a capoeira – é praticamente o único representado nas ilustrações do período escravista e nos programas policiais contemporâneos; de outro lado, o corpo negro é o corpo que aglutina política e culturalmente. Esse corpo marcado por inscrições feitas nos espaços negro-africanos se reconstitui e se fortalece como indivíduo-território, movendo-se na cartografia da diáspora. Tendo como base os lugares primordiais, o corpo-território – expressão elaborada a partir dos indícios deixados pela autora – se expande para além deles, sem perder esses vínculos.

Corpo e território aparecem hifenizados por Muniz Sodré na obra *O terreiro e a cidade* (1988); quando o corpo negro adentra o processo de formação de espaços e lugares das co-

30

letividades diaspóricas – o terreiro, por exemplo –, resultam inscrições nas corporeidades e na "territorialidade do corpo".

Ambas as noções reaparecem associadas no ensaio "Por um território (novo) existencial e físico", de 1992, no qual a autora, combinando leituras de Gilles Deleuze e Félix Guattari, trata do território projetado para além da memória e da corporeidade em confronto com a ordem econômica e social: "Esse devir-utópico pode estar na produção de 'subjetividades' territorializadas no *eu*, no corpo físico, 'livres da ética de produção e da acumulação que secciona o homem segundo a ordem do sistema do capital'" (p. 104). Aprofundando a reflexão, a autora prossegue: "Estaríamos falando de um outro sistema de construção vindo de um território de origem africana, não mais de um lugar do passado, mas moderno – não mais o escravo, mas o aquilombado, num novo esforço de guerra e de estruturação" (ibid.).

Beatriz recoloca essa ideia, acionando a formação militar africana: "O jovem iniciado no *kilombo* era preparado para receber e desenvolver a *força vital*. [...] Ele era preparado não só para a guerra, como para empreender e fundar territórios" (Nascimento, 2021, p. 249). Diversas cenas de *Orí* mostram, justapostas, imagens dos guerreiros Jaga nos antigos reinos africanos e do *yaô* – a pessoa iniciada – no terreiro de nação Angola no Brasil.

O corpo-território negro ampliou seus espaços, processo que continua, ainda que existam barreiras – encontradas, por exemplo, na supremacia branca nos espaços econômicos, políticos, culturais, artísticos e acadêmicos, sobretudo nos segmentos de gestão de empresas, órgãos públicos, partidos, mercado editorial e sociedades científicas, apesar de, por exemplo, em face de ações afirmativas e cotas raciais, o corpo discente tenha se diversificado étnico-racialmente nos cursos de graduação. Outra marca dessa movência pode ser vista e diferenciada nas comunidades negras e quilombolas, nos terreiros e em outros espaços negros, que são também políticos e se conectam com os movimentos artísticos e culturais. Na verdade, é daí que provêm sua potência e sua resiliência.

Por fim, nos textos de *Orí* não há a expressão "corpo-documento", mas é possível depreendê-la do trecho que se segue:

> A memória são conteúdos de um continente – da sua vida, da sua história, do seu passado. Como se o corpo fosse o documento. Não é à toa que a dança para o negro é um momento de libertação. O homem negro não pode estar liberto enquanto ele não esquecer o cativeiro, não esquecer no gesto que ele não é mais um cativo.

O corpo negro-africano é o corpo-arquivo (ou acervo) de uma coletividade, como indica Marlene Cunha (1986) em seu estudo sobre o gestual no candomblé Angola: "[...] nos parece que toda a gestualidade corporal, os objetos simbólicos, a oralidade, enfim, todo o conjunto de elementos que compõe o repertório cultural reproduz a memória e a dinâmica do grupo num processo contínuo que se traduz em forma de resistência cultural" (p. 161). No acervo da pesquisadora também se encontra um detalhado fichamento do livro *Dança de guerra: arquivo-arma* (Tavares, 1984), onde se observa a possibilidade de projetar no corpo negro-africano a memória e a liberdade, e não somente o trabalho.

O ir e vir de corpos, imagens e memórias entre territórios do passado e do presente, a exemplo do que se observa nas falas, nos textos e nos movimentos, compõe a bagagem cultural negra para se ver/ser visto, encontrar, trocar e prosseguir:

"É preciso a imagem para recuperar a identidade. Tem-se que tornar-se visível. Porque o rosto de um é o reflexo do outro, o corpo de um é o reflexo do outro, e em cada um, o reflexo de todos os corpos".

APONTAMENTOS PARA A COLETÂNEA

Os textos da coletânea estão divididos em três partes, agrupados por formas textuais – ensaios, entrevistas e prosa – sem, no entanto, manter uma rigidez classificatória. O livro é composto de onze ensaios (seis deles inéditos), seis entrevistas (uma publicada por escrito pela primeira vez aqui) e dez textos em prosa (dois inéditos), escritos entre 1974 e 1994. Os textos cobrem parte da produção de Beatriz Nascimento na intersecção entre raça, gênero, classe e espaço (quilombo, território, transmigração e transatlanticidade), em correlação com os temas da corporeidade e imagem. Sem deixar de tratar de sua pesquisa histórica, um dos focos aqui abordados é seu interesse pelas artes – televisão, cinema e literatura. Entre eles há resenhas e comunicações para veículos ou eventos com participação de intelectuais compostos quase sempre por homens e brancos, o que sugere sua projeção desde os anos 1970.

Com relação aos ensaios que abrem esta coletânea, "O racismo na mídia" faz uma crítica arguta da construção de representações racistas das pessoas negras na mídia, analisando seu impacto diferencial sobre negros e brancos e seu efeito sobre as relações raciais na sociedade brasileira. "A senzala vista da casa-grande" é a conhecida e comentada resenha do filme *Xica da Silva*, de Cacá Diegues, cuja problemática é aprofundada em "A senzala vista da casa-grande: *merchandising* e a contracultura no cinema nacional". Por sua vez, "Mito e ideologia" é uma curta intervenção em um evento sobre fenômenos comuns ao Brasil e aos Estados Unidos, em que Beatriz Nascimento insere um ponto de vista muito singular debatendo a questão da miscigenação e desmistificando a ideia de democracia racial.

Os ensaios seguintes, coetâneos, trazem os ares críticos de 1988, marcado pelo centenário da abolição e pela promulgação da constituição federal que criminalizou o racismo, previu o direito à memória negra e apontou os direitos quilombolas. Cada parágrafo de "Eu nasci em 1968" compõe uma interpretação de um tempo de transformações almejadas ou experimentadas, com um rastro de saudade, mas sem saudosismo, enquanto o texto-proposição "88 – A causa da liberdade", escrito para a peça homônima, traz a lume questões-chave de 1888 – libertação – e daquele momento de 1988 – emancipação e cidadania.

"Apresentação de Orí" comenta o documentário finalizado e "Culturas em diálogo" é um curto ensaio feito sob encomenda, também com foco no filme Orí, que comporta, como ela mesma diz, sua tese "de que com todo descontínuo há um contínuo histórico memorável na história entre povos dominadores e subordinados, que eleva sempre a dignidade e a singularidade humanas e vê ecologicamente o mar Atlântico como um vetor, um meio (mídia) entre os povos de Europa, de África e de América" (p. 86).

Em "Por um território (novo) existencial e físico", marca do retorno à universidade, a insurgência da autora aparece no questionamento à escrita acadêmica – mais que regrada, eurocêntrica: "Devido a uma atitude crítica, também tinha abandonado o discurso e a literatura específica [acadêmica]. Enveredei por esses anos pelo cinema, pela literatura e pelo exercício da poesia, da

34

prosa e do ensaio" (p. 92). "A palavra e o eu", texto que manifesta o aguçado senso social e racial da autora, parece advir do mesmo contexto discursivo, constituindo um exercício de problematização do termo "território" entre deslizamentos e alterações.

O ensaio final da seção, "Literatura e identidade", permite rememorar a inserção da autora nos círculos literários negros, nos quais teve seu trabalho poético reconhecido. Nele, Beatriz Nascimento problematiza, de um lado, a supremacia branca na autoria de literatura no país e a questão das representações negativas da população negra; de outro, os significados da escrita e da literatura oral, incluindo os cantos de bumba meu boi, congado e samba.

As entrevistas, com exceção de duas, são transcrições de suas falas (sem perguntas e respostas) para importantes jornalistas e intelectuais. Em "O negro visto por ele mesmo", entrevista concedida a Eloí Calage na revista *Manchete*, é possível notar os principais temas que Beatriz Nascimento descortinou até o começo dos anos 1980. Em suas respostas se podem apreender alguns pontos da questão de pesquisa – o percurso dos quilombos às favelas – que a mobilizaria por bastante tempo, mobilização que, por sua vez, pode ser constatada em "Quilombo: em Palmares, na favela, no carnaval", entrevista conduzida por Caco Barcellos para o jornal *Movimento*, da imprensa alternativa.

"Maria Beatriz Nascimento, pesquisadora, 39 anos" faz parte da coletânea *Fala, crioulo*, organizada pelo ator, sambista e escritor Haroldo Costa (1982) com a transcrição dos relatos de dezenas de pessoas, famosas ou não, acerca das questões negras e raciais.

No caderno "Folhetim" da *Folha de S.Paulo*, Raquel Gerber traz uma curta interlocução com Beatriz Nascimento, "Volta à terra da memória", centrada nos diálogos das duas pesquisadoras para a elaboração do filme. Por sua vez, "*Orí*", entrevista para o *Jornal do* MNU realizada pelo poeta e diretor do Ilê Aiyê Jônatas Conceição, consiste em um manifesto poético pela conquista da voz e – por que não? – da imagem, por parte do Movimento Negro dos anos 1970.

Na entrevista gravada após a marcha de maio de 1988, organizada pelo movimento negro do Rio de Janeiro e impedida de chegar ao monumento a Zumbi dos Palmares, Beatriz recorda com acuidade momentos iniciais da militância, especialmente a acadêmica, transcorridos em plena ditadura militar.

Entre os textos em prosa, "Meu negro interno", "Acerca da consciência racial" e "Hoje é dia do seu aniversário" trazem densas reflexões partindo de recordações pessoais marcadas pelo deslocamento e confronto de corporeidades (familiares, jovens, adultas, estudantis, trabalhadoras) espacializadas (residência, praia, escola, subúrbio, Zona Sul). Dos escritos seguintes, nitidamente poéticos, "A Zumbi de N'Gola Janga" e "Zumbi de Palmares" se referem a Zumbi, a guerreiros, à heroicidade e ao mito, ao passo que "A primeira grande perda – a morte de vovó" lida com reminiscências – a avó, seu livro e o mar. Dentre os demais – "Portugal", "Angola", "Estudo em Mi maior, *opus* 10, n° 3" e o discurso "Invocação a Zumbi dos Palmares" –, alguns trechos se tornaram parte significativa do filme *Orí* e contêm ideias de Beatriz Nascimento sobre corporeidade, diáspora e mito.

Para além da ideia de arte como reflexo da realidade social, ao fazer a crítica das ausências representacionais (imagéticas) e das representações negativas – da fixação no escravismo, no corpo, nas mulheres, na folclorização das expressões culturais –, é importante que todo o complexo de elaboração de imagens, das mais artísticas às mais técnicas, seja abarcado por essas reflexões. Quais imagens são adequadas? Aquelas que saem dos enquadramentos restritos, controlados, e são aproximadas do repertório imagético das próprias coletividades negras, plenas de visualidades e corporeidades que enunciam variadas imagens, como encontramos nas textualidades de Beatriz Nascimento. Na verdade, nos âmbitos de literatura, cinema, teatro e performances negros, esse quadro está em movimento, e tem Beatriz Nascimento como referência.

Esta coletânea contém uma evocação dos nomes de Zezé Motta, Zózimo Bulbul (em memória) e Muniz Sodré pelos caminhos abertos, e uma oblação a pessoas do cinema e de outras artes pela forja de outras imagens: Joel Zito Araújo, Jeferson De, Viviane Ferreira, Renata Martins, Lucélia Sérgio, Sidney Santiago, Denilson Tourinho, Veronica Santos, *os* brothers *Déo Cardoso e Flip Couto, as* sisters *amadas* Bethania Nascimento Freitas Gomes, Lúcia Gato, Clécia Santana, Juliana Jardel e Joyce Prado. *A gratidão se estende a quem estava junto na leitura, escuta ou apoio:* Kênia Costa, Ceiça Ferreira, João Alípio de Oliveira Cunha, Bruno Hammes, Thais Cristine, Wellington Vinicius de Oliveira Filho e Marcos Antonio Pereira Neto.

ENSAIOS

O RACISMO NA MÍDIA

Dias atrás, após passar numa estação de TV o seriado *Roots* [1977], eu observava uma criança preta assistindo na mesma estação ao seriado *Sítio do Picapau Amarelo* [1977-86]. Num intervalo do programa abordei a criança, perguntando-lhe qual o personagem de que ela mais gostava. Tinha em mente avaliar com ela a procedência de um tipo de programa como aquele, até que ponto ele era educativo. A criança preta enumerou quase todos os personagens, começando por Pedrinho, Narizinho, Emília, até o personagem João Carneiro. Com certa apreensão notei que ela não mencionara os personagens pretos Saci, Malazarte, Tio Barnabé e, para meu desapontamento, a Tia Nastácia, um dos personagens centrais. Perguntei-lhe então: você não gosta de Tia Nastácia? Ela ficou meio embaraçada e disse: "Ela tem medo de tudo, é meio boba". Aparentemente não há nada de mais nessa observação, no entanto quero chamar a atenção para esse ponto. Passados alguns dias estive na escola dessa criança (como é regra geral, na escola ela é minoria). Estava lendo distraidamente os cartazes didáticos fixados na parede de uma das salas de aula da 4ª classe. Por acaso deparei-me com um diálogo que fazia parte da fixação da matéria Comunicação e Expressão, ou seja,

■ Texto inédito, datilografado, elaborado para o painel Relações Inter-Raciais, promovido pela Casa de Cultura de Israel no Rio de Janeiro, com presença anunciada da historiadora Beatriz Nascimento, do antropólogo Roberto DaMatta e do sociólogo Manuel Maurício de Albuquerque (*Jornal do Brasil*, Caderno B, 4 jun. 1979). [N. O.]

Português, a língua falada por brancos, pretos e índios no Brasil, fator de integração entre todos os povos que aqui habitam. No meio do diálogo entre Narizinho, Pedrinho e Emília tinha uma oração em negrito do autor que começava assim: "A negra, ainda tonta, olhou para o menino com expressão idiotizada e respondeu [...]". Imediatamente reportei-me à minha conversa com a criança que deve ter sido identificada, enquanto preta, com personagens de um seriado como esse ou de um livro didático, tão carregados de expressões negativas. Ela fazia de conta que esses personagens não existiam porque talvez não existam realmente na idealização que ela faz de sua própria imagem, do seu próprio grupo étnico.

No mesmo período, uma pessoa amiga me confidenciou que um seu sobrinho, menino branco, assistindo ao mesmo seriado, de repente corrigiu uma palavra dita pelo Tio Barnabé, dizendo irritado: "Por que ele só fala errado?", e depois de alguns dias voltou-se para a tia e falou "já sei, Tio Barnabé fala errado igual a minha empregada, ele fala errado porque é preto".

Essa criança branca teve condições, mais do que a criança preta, de relacionar a fantasia veiculada pela TV com uma realidade dela, na medida em que ela é branca. Não teve dificuldade de estabelecer um nexo entre esses dois planos, e o fez sem prejuízos emocionais, reproduzindo exatamente o conceito estereotipado no mesmo nível que lhe é transmitido pela TV. Ficou tão conformada com isso quanto a criança preta. Mas como esta, para aceitar estereótipos, teria que introjetar esse conceito negativo, ela fez de conta que esses personagens simplesmente não existiam. Ela teve mais perdas emocionais, porque esses estereótipos nem sequer passam como sendo o próprio preto. Ou seja, aqueles seres sem mobilidade no tempo e no espaço real (Saci, Tio Barnabé, Malazarte e Tia Nastácia) fazem parte de uma realidade imóvel que não corresponde à realidade dessa criança, enquanto ser preto. O "preto" veiculado pela TV não é uma realidade histórica, social e individual que corresponde à vivência de todos os componentes do grupo étnico a que pertence essa criança. São conceitos, ou melhor, pré-conceitos: tolo, dócil, servil, ignorante, medroso, fala errado.

A TV veicula uma ideologia aparentemente calcada num dado da realidade socioeconômica, que é o fato de grande parte dos pretos ainda hoje serem integrantes dos extratos sociais mais baixos da população. Entretanto, mesmo nesses segmentos sociais mais baixos, o indivíduo preto tem uma mobilidade interclasse. Nem todos os pretos estão necessariamente nas profissões do setor de serviços, nem todos são serviçais. Existem pretos operários, qualificados ou não, comerciários, funcionários públicos, profissionais liberais etc., e isso hoje como no passado. No passado tivemos pretos proprietários, políticos e também profissionais liberais, ao lado de artesãos livres e escravos. Portanto, o preto que transmitem os meios de comunicação, desde a literatura até a TV, só faz parte de um segmento de classe e, ainda assim, é referente a um passado histórico da sociedade brasileira. (Monteiro Lobato escreve sua obra nos primeiros anos deste século XX.) Por que, por exemplo, essa mídia não veicula essas figuras do passado que participaram de fato de uma realidade socioeconômica e política? Será que desconhecem? E por que desconhecem? Somente para refletirmos: por que a historiografia e a literatura esqueceram de registrar pelo menos os políticos pretos do final do Segundo Reinado? Aqueles como Patrocínio, Rebouças, o jornalista Luís Gama e mesmo os mestiços como Bocaiúva, Torres Homem, Maciel da Costa. Porque esses homens perderam sua face original. Esses homens foram decisivos na realidade histórica em transformação daquele século. No entanto, perderam seu significado histórico e foram incorporados como políticos, que episodicamente apareceram na cena histórica e hoje só podem ser conhecidos por aqueles que pesquisam em arquivos.

Eu não gostaria de me expressar através dessas figuras, porque pode-se pensar que estou caindo no mesmo diapasão da história oficial, que é escrita levando em conta os vencedores. Mas eu raciocino que se esses homens foram representantes da comunidade negra nos extratos mais altos da comunidade brasileira, isso demonstra que essa sociedade – apesar de extremamente rígida no que tocava à mobilidade social devido ao regime escravagista, onde a divisão de classes era, *grosso modo*, escravos na base e senhores no topo do sistema – não pode ser compreendida monoliticamente. Nenhuma sociedade, mesmo aquelas organizadas segundo critérios tribais, pode ser considerada como um bloco único, sem flexibilidade, estática. Quanto mais uma sociedade complexa como a sociedade brasileira dos oitocentos.

A escravidão é vista como onipresente no sistema socioeconômico da época, mas ao lado dessa escravidão conviveram outras formas de relações de produção, e eu nem vou falar nos quilombos. Essa divisão inflexível que nós estamos acostumados a traçar faz parte de modelos de análise empreendidos pelas ciências para uma melhor compreensão daquele mundo. Basta dizer, segundo Hasenbalg (1988), que "uma parcela majoritária da população de cor tinha uma experiência prévia na condição de livre" (p. 121) quando houve a Abolição do Estatuto Servil em 1888. Aos libertados pela Lei de 13 de maio de 1888 devem-se acrescentar aqueles libertados nos anos anteriores, e eu acrescentaria nos séculos anteriores, pois a possibilidade de os pretos se alforriarem no Brasil foi, segundo os cientistas da escravidão do Novo Mundo, uma particularidade do sistema brasileiro. Eu não estou querendo dizer que em termos de valor a escravidão no Brasil foi melhor ou pior. O que eu quero reforçar é que o recurso de serem livres conseguido pelos pretos durante o regime escravagista teria contribuído para uma maior penetração dos pretos nos espaços sociais, até chegar ao ponto de serem integrantes da liderança nacional às vésperas da passagem para a República.

Em outra medida, homens pretos livres, embora tenham permanecido em grande parte em ocupações não muito longe das do escravo, muitos entre eles puderam contribuir em outros níveis. Para exemplificar, em 1821, antes da Independência, alguns pretos e mestiços faziam parte das Juntas Governativas que aqui se haviam instaurado com a Revolução Constitucionalista portuguesa, principalmente na Bahia e em Pernambuco. Antônio Rebouças, pai de André Rebouças, foi um desses pretos.

Portanto não procede, como explicação da mecânica das relações entre pretos e brancos no Brasil, a fixação de um modelo interpretativo apoiado na ideia de que a escravidão ainda hoje mantém sua herança discriminatória como justificativa para os pretos permanecerem nos extratos mais baixos da população, por não terem se ajustado ao novo sistema econômico, devido ao despreparo técnico em que se encontraria a massa de ex--escravos após 1888. Isso é um mito que a ciência forneceu ao próprio sistema.

Quando os próprios estudos científicos fundamentam que as desigualdades interétnicas seriam o resultado de um processo inacabado de mobilidade social por parte desses segmentos pretos e mestiços, o que se pode esperar da ficção da TV, que só trabalha com mitos?

O aspecto a que quero chegar após essa análise, procurando o porquê da cristalização dos pretos nos extratos sociais mais pobres da sociedade, diz respeito à ideologia. Eu vejo a ideologia como responsável pelas distorções da realidade do passado e do presente.

Esses homens a que me referi, pretos e mestiços, líderes da comunidade brasileira nos séculos anteriores, já viviam num mundo em que a ideologia do branqueamento determinava um projeto civilizatório; ela (a ideologia) quer levar em conta que os povos de cor, negros e índios, não sejam considerados como formadores em todos os graus e todos os níveis da civilização brasileira. Essa tarefa ficou mais fácil, na medida em que muitos desses homens, assim como aqueles que não atingiram sua importância na sociedade do século passado, se miscigenaram ou, em muitos casos, empobreceram, e seus descendentes não tiveram como manter sua história. Neste último caso específico, temos o exemplo do próprio Patrocínio, retirado da arena política devido à perseguição e aos banimentos que lhe impôs o governo de Floriano Peixoto. E depois empobrecido.

A SENZALA VISTA DA CASA-GRANDE

Alguém já disse que a arte não precisa estar na frente, porque a arte já é vanguarda. Como qualquer axioma, este deve ser pensado, porque em determinados momentos a arte pode refletir compreensões conservadoras. É isso que se pode apreender da arte cinematográfica, em que consiste o filme *Xica da Silva* [1976]. Não poderíamos aceitá-lo enquanto aparência estética na medida em que, em arte, forma é conteúdo. Quanto a sua penetração enquanto discurso e comunicação o condenaríamos ao "índex" das obras proibidas. Proibida em função do desrespeito que impõe a um episódio da história de um povo, desrespeito quanto à história de todo um povo, desrespeito na medida em que vilipendia esse povo, desrespeito por manter todos os estereótipos em relação a um povo que, no momento, procura, em função da sua autonomia cultural, se livrar justamente desses estereótipos.

- Jornal *Opinião*, Rio de Janeiro, 5 out. 1976, pp. 20-21. A resenha da autora ladeia com outras assinadas pelo sociólogo Carlos Hasenbalg, o antropólogo Roberto DaMatta e o jornalista, romancista e dramaturgo Antonio Callado. O primeiro considera o filme aparentemente bem-humorado, mas deprimente, com o ônus do estereótipo recaindo sobre a mulher negra. Os dois últimos tecem alguns elogios ao filme. DaMatta se fixa no limite das imagens de inversão que pouco se sustentam. [N. O.]

Xica da Silva, em princípio, é um equívoco total. Tentaremos analisá-lo em detalhes. Diríamos que ele é a projeção empobrecida de *Casa-grande e senzala* de Gilberto Freyre, sem a riqueza empírica da obra do eminente sociólogo e sem as possibilidades críticas que a obra literária sugere. Portanto, é um filme que, em termos de crítica das relações raciais no Brasil, nos remete à Idade da Pedra.

Vejamos por que *Xica da Silva* é um equívoco. O diretor foge propositadamente à fidelidade histórica em relação ao episódio. Talvez seja uma justificativa afirmar que uma obra artística para se concretizar não pressupõe rigor científico. A fantasia é a matéria-prima para uma boa obra em cinema. Podemos concordar com isso. Não podemos concordar, entretanto, que o conhecimento de um povo que juntamente com o branco formou a nação brasileira esteja ausente em todos os momentos do filme, e que este se contente com o humor barato e grosseiro em cima dos estereótipos mais vulgares a respeito desse povo. Não. É inconcebível um cineasta que se diz com "amor do povo" desconhecer esse mesmo povo. O amor pressupõe conhecimento.

O senhor Carlos Diegues é senil em sua obra-prima (porque eu espero que ele não confeccione outra e já lhe concedo o fim da sua carreira cinematográfica). Num apanhado geral ele repete, como já dissemos, *Casa-grande e senzala*. Os portugueses no filme, desde João Fernandes, passando pelo intendente, até o frouxo "inconfidente", são opressores, exploradores, mas complacentes com os negros escravos; são sentimentais (o pai do "Inconfidente" e João Fernandes); e, acima de tudo, são bons apreciadores dos jogos do amor. Os negros, escravos e quilombolas são passivos, rebeldes inconsequentes (bandidos salteadores) e reconhecidos da bondade e generosidade do Senhor (cena em que Teodoro anui em formar um exército para salvar

João Fernandes). O conflito racial (que não consegue transpirar satisfatoriamente) só parte das pessoas menos dotadas: a esposa insatisfeita do intendente, o padre bronco, a guarda impotente da cidade e as crianças, com certeza egressas de um colégio interno inglês – educados no atirar pedras. Mas isso tudo por despeito, e não por motivação concreta.

Em suma, o *ethos* do português colonizador é de humanidade e reconhecimento da pessoa dos negros. Uma escravidão amena e divertida!

O senhor Carlos Diegues inicia seu filme com um João Fernandes em postura de "virtude" flautista, coisa inconcebível em se tratando de um contratador, o mesmo que um pária, a base da classe de funcionários enviados pela Coroa ao Brasil. Surpreendentemente, à medida que se desenrola a ação, o contratador – Walmor Chagas – se transforma na imagem de um intelectual burguês angustiado no conflito entre o amor, o povo e a Coroa, compassivo, constrangido em oprimir (Teodoro, Xica, Cabeça etc.). Será a imago do nosso cineasta em versão do século XVIII?

O filme, justiça lhe seja feita, apresenta até alguns momentos de possível riqueza. Introduz o quilombo como alternativa da relação bipolar senhorio–escravaria. E aí o senhor Diegues, mesmo leve e ironicamente, poderia transmitir informação da maior importância, se determinasse o conflito real: quilombola *versus* senhores e Xica da Silva, estes como representantes de outra classe. Mas ao mostrar que a Coroa Portuguesa dependia de outra estrutura social para explorar a riqueza das Gerais, ele se contenta em reforçar o mito do senhor bondoso, enfatizando que o colonizador até que era bonzinho, pois em vez de explorar os negros, comprava os diamantes de Teodoro. E não que a organização social dirigida por Teodoro era tão autônoma a ponto de impor seu jogo, mantendo sua estrutura (pelo menos no momento) solidamente em bases econômicas. Diegues estende sua ignorância às últimas consequências ao desestruturar o próprio filme no episódio em que Xica da Silva recorre a Teodoro para salvar João Fernandes. O quilombola nega sua posição, até o momento coerente no filme, compactuando com a "zoeira" da mulher do contratador.

Nesse momento, confesso que perdi as esperanças quanto à compreensão do intelectual branco brasileiro sobre a real história do negro. O senhor Diegues, e quem mais quiser, pode aludir que o filme não possui uma proposta séria. Eu concordo, mas então que levasse à tela a última anedota do papagaio.

Talvez haja uma explicação para esse procedimento. Se o senhor Carlos Diegues descesse um pouco da sua onipotência e fizesse uma reflexão sobre si mesmo e a implicação da história do seu povo em si próprio antes de confeccionar o filme, entenderia que, devido às relações sociais e culturais, ele como um homem branco brasileiro possui introjetado, de forma específica, o negro brasileiro, sua oposição em termos de homem e raça. Mas ele, como a maioria dos seus iguais, deve ter um grande receio de descobrir esse ponto oculto. Desse modo, reprime-o dentro de si e, ao se debruçar sobre um episódio da sua própria história, colocando o negro (Xica da Silva/Teodoro) como seu herói, tripudia profundamente sobre ele.

O diretor não trata com o carinho necessário seu herói, de maneira que sua identificação com ele (o herói) resgate o próprio senhor Diegues. Não estou querendo dizer que deveria tratá-lo de uma maneira idealista, nem como vencedor. Mas sabe-se que qualquer autor, ao formular seu herói, tem o cuidado de sustentá-lo, e isso no nível do inconsciente, de maneira que a compreensão dele encerre uma alternativa.

Mas como esperar isso do nosso cineasta? Aqui não falaremos nem do que ele faz com Xica da Silva, que veremos adiante. O senhor Diegues destrói Teodoro. Desde o princípio, Teodoro, como os demais personagens, passeia como um "zumbi" pelo filme. Mas enquanto o senhor Diegues não toma conhecimento dele, ele caminha paralelamente às cenas grotescas representadas por Xica da Silva e sua "*entourage*" ululante, de uma maneira correta.

Ao "assaltar" o contratador na sua chegada, Teodoro delineia o impacto histórico e (se não fosse o senhor Diegues) artístico, ao estabelecer sua autonomia, fazendo ver a João Fernandes que não faz parte de sua "trupe". E o faz marcando o limite entre si e o contratador. Teodoro estabelece a relação econômica dominante.

Adiante, num momento de única beleza no filme, o mesmo Teodoro separa-se totalmente da ordem em que se encontram o contratador, Xica da Silva e Cabeça, comprando sua mulher pelo preço justo do mercado, assegurando com o resgate do seu filho a permanência de si mesmo e da sua organização social ao longo da história do filme.

Entretanto, o senhor Diegues, até então, não tinha percebido Teodoro. Quando ele percebeu o ponto crucial, o que seria seu herói, penso que ele vislumbrou o seu "negro interno". Era melhor que ele deixasse Teodoro de lado, como vinha fazendo, e se preocupasse com a sua Xica pitoresca. O quilombola, sem o tratamento do diretor, poderia manter a alternativa do próprio filme contra toda a mediocridade do resto. No momento em que ele é tratado pelo senhor Diegues, este o destrói *incontinenti*. Nesse momento, estranhamente, o diretor recorreu à fidelidade histórica, coisa que propositadamente não tinha feito.

Se fosse possível ao diretor a projeção positiva da sua fantasia sobre o negro, ele manteria Teodoro simbolicamente até o fim. Mas o senhor Diegues destrói o clímax da sua obra, como, com certeza, faz com seu "negro interno". Por outro lado, talvez num reflexo da sua compreensão sobre sexualidade, ou seja, algo destruidor e destrutivo, a morte posterior de Teodoro na concepção do diretor está diretamente ligada ao intercurso sexual de Xica da Silva com ele.

Analisando a cena na qual surge a esposa quilombola chorando (?) e a sombra projetada sobre Teodoro e Xica da Silva, vemos representada talvez a atitude inconsciente do cineasta: o sexo como agressão e destrutividade. É a morte do filme!

Desse modo não é de estranhar que o vilão João Fernandes de Oliveira seja a figura com a qual o senhor Diegues se identifica realmente. É ele quem se angustia na hora da partida (embora de cima do cavalo) e se expressa verbalmente sobre a vida e o amor. Fernandes sai do Tijuco imaculado, nada o atingiu, nem mesmo a sexualidade duvidosa (pois é somente sugerida) de Xica da Silva.

Esse impasse do diretor do filme foi o mesmo que compreendemos em relação a Antunes [Filho], o diretor de *Compasso de espera* [1973]. Com um ponto a favor de Antunes, que, talvez por sua experiência de convívio com negros, procura segurar seu herói, embora não consiga pelos mesmos motivos que o senhor Diegues. Jorge, personagem de *Compasso de espera,* é também destruído de forma lenta e gradativa, mas refletindo a angústia interna do diretor ao não se reconhecer no seu personagem principal. Teodoro morre sem a plateia ver e de forma abrupta, refletindo a irresponsabilidade do senhor Diegues.

É um desrespeito à própria história do Brasil utilizar um episódio não estudado e não elaborado, tratando-o sem a discussão e a dramaticidade que as circunstâncias impunham.

O que dizer então do tratamento dado à mulher negra? A Xica da Silva da história não chega a se delinear em nenhum momento do filme. Mais uma vez o senhor cineasta poderia contrapor que a obra de arte para o grande público não requer rigor, fidelidade. E novamente diria que concordo. Não requer rigor, mas exige respeito, porque a obra de arte é simbólica e, tal como deve ser, humana; o símbolo é sobre a pessoa e a plateia deve identificá-lo desse modo, através dos sentidos. Xica da Silva não é uma pessoa. Não ama nem o contratador. O senhor Diegues conseguiu fazê-la menor do que a literatura preconceituosa a fez. Se o senhor Diegues fizesse seu filme baseado no samba enredo da Escola de Samba Acadêmicos do Salgueiro, ele não correria o perigo de fazer um filme sério, nem um "samba de crioulo doido", mas também não destruiria um símbolo – discutível, concordo – de raça negra.

A Xica da Silva dieguiana é um ser anormal, não é nem a louca da literatura. É uma oligofrênica, destituída de pensamento, incapaz de reivindicar no nível pessoal – não me refiro no nível político em função de sua raça, mas no nível da reivindicação individual – como uma mulher que poderia ter nas mãos os bens que o dinheiro do seu explorador lhe proporciona.

Quando é impedida de entrar na igreja, depois de liberta, sua reação é infantil e ridícula. Quem sugere a reivindicação e reparação pela humilhação sofrida é o branco João Fernandes, ao lhe prometer a capela. Quando impossibilitada de ir ao mar (não porque se cansasse da estrada, como faz ver o senhor cineasta, mas porque o preconceito e a contrapartida do complexo racial a impedem de sair dos limites de Tijuco), quem sugere que se construa a galera e o lago artificial é o branco músico.

Portanto, Xica da Silva vem reforçar o estereótipo do negro passivo, dócil e incapaz intelectualmente, dependente do branco para pensar. Seu comportamento com o contratador é o de uma criança piegas que não atina com o que quer. A Xica da

Silva da história é uma mulher prepotente e dinâmica, atenta ao seu redor, o que está de acordo com a situação da mulher em determinadas estruturas africanas e que em parte foi transferido para o Brasil. O senhor Diegues poderia constatar isso numa amostra do papel da mulher negra nas comunidades religiosas afro-brasileiras. Ou recorrer aos mitos da nossa raça: às deusas-mães como Nanã, Iansã e Oxum.

Mas não, é mais fácil tratá-la como o mito da sexualidade aberrante que foi desenvolvido em quatro séculos de domínio e exploração da mulher negra. Então, Xica da Silva se transforma num animal embrutecido pela franqueza e irracionalidade. Sua eroticidade nem legitima o seu poder de fato. É uma inconsequente, até nisso. Quando ela pensou, somente por um momento no filme (no "banquete africano"), o senhor Diegues arrumou-lhe uma cena estéril e banal. No único momento em que concede à plateia presenciar uma cena sexual de Xica da Silva, não é uma mulher que se apresenta, mas uma imagem metálica e animalesca, idiotizada na própria ação. Mais uma vez aparece a velha compreensão ocidental da África e do africano, como um primitivo, um *selvagem*. Senhor Diegues, a África está a algumas horas de voo do Brasil.

Um dos pontos em que o cineasta se mostra um profundo desconhecedor da raça da sua heroína é naquele em que consegue fazer Xica da Silva parecer uma mulher. Ele a faz num arremedo da mulher branca. Se invertêssemos o papel de Xica da Silva com o de Hortência, mulher do intendente, teríamos o mesmo resultado. Uma mulher caprichosa, cheia de chiliques e histérica, o oposto justamente de uma ex-escrava e negra. Isso é inconcebível.

Diante de tudo isso cabem reflexões. Por que o jovem Diegues nos presenteia com uma exibição dessas? Será que ele pensa que cultura popular é deboche? Ou a pergunta seria outra: por que ele debocha da cultura popular? Qual o impasse cultural em que está mergulhada a classe intelectual brasileira? Retira-se um episódio da história do Brasil, coloca-se esse episódio acriticamente de modo a reforçar todos os preconceitos e atira-se ele ao grande público, entendendo-se que isso é forma de fazer "cultura" popular, extraída da própria tradição e compreensão do fenômeno pelo povo. Mas quem disse, senhor Diegues, que a tradição e compreensão do fenômeno por esta entidade chamada povo é a mais justa, a mais honesta, a menos preconceituosa? Povo monolítico e bom na essência?

Sob a justificativa de fazer uma obra para divertir e abranger um maior número de pessoas, para redimir do emperramento criativo em que naufragou o chamado Cinema Novo, o senhor Diegues cai no oposto, esquecendo que criação requer crítica – crítica, senhor Carlos Diegues. O senhor me faz pensar que sua classe, de acordo com a sua tradição, está dentro da casa-grande jogando restos de comida na senzala. Foi o que os seus antepassados sempre tentaram fazer conosco.

Se o senhor não se esqueceu ainda desse passado, ou não o critica para a compreensão da nossa realidade, por favor nos esqueça a nós negros. Ao ver a cena de sedução do fiscal, uma vestal negra procura devolver a potência sexual de Encólpio, o herói. É uma cena simbólica de grande beleza e força. Mas senhores leitores, é uma advertência: quem sabe se o senhor Diegues não acredita que entre ele e Fellini há a distância do Mar Tenebroso?

A SENZALA VISTA DA CASA-GRANDE: MERCHANDISING E A CONTRACULTURA NO CINEMA NACIONAL

MERCADO CINEMATOGRÁFICO: CONTRACULTURA OU SUBCULTURA?

Sem dúvida, o cinema nacional tem um momento fundamental da sua trajetória com o Cinema Novo. Este, na década de 1960, era um filhote da *Nouvelle Vague*, ou seja, um cinema cuja temática girava em torno do processo de nacionalismo característico na época da dominância da ideologia de uma "burguesia nacional". Nos primeiros tempos dos anos 1960, floresce um pensamento intelectual e elitista voltado para as origens e os dramas sociais, que vai contradizer o sentimento desenvolvimentista da Era JK. Esse cinema estava impregnado do drama nordestino e dos favelados. Ou seja, é um cinema engajado ao pensamento

- Original datilografado, datado de 12 jan. 1981 (Arquivo Nacional, 2018), mas não publicado à época. Segunda crítica da autora ao filme *Xica da Silva* (1976), contextualizando a argumentação de sua resenha anterior e ampliando a observação para o cinema dos anos 1960 e 1970, distinguindo criticamente autores e obras. [N. O.]

do antigo Iseb [Instituto Superior de Estudos Brasileiros] e do CPC da UNE [Centro Popular de Cultura da União Nacional de Estudantes]. Saíamos da bossa nova, no que se referia à música lírica e ingênua ("João da Silva cidadão sem compromisso"), para a música de protesto ou de denúncia (a música progressiva). Há todo um delírio ufanista e, ao mesmo tempo, denunciador da carência econômica de certas regiões brasileiras (baseado na obra de Josué de Castro) e das populações guetificadas nas favelas. O cinema não pôde ficar atrás e passa a demonstrar, nas suas produções, essa busca de identidade nacional, objeto que até os dias de hoje ainda é expectativa de setores progressistas da "pequena burguesia brasileira".

O cinema de Glauber Rocha é um dos pioneiros a questionar as diferenças e as desigualdades que atuam no seio da comunidade nacional. A temática metafórica de Glauber levanta-se polemizando o sentimento nativista exercitado nos dramas do Nordeste, mas também lança e já vislumbra, ele mesmo e outros diretores, a problemática dos negros. Mas mesmo em Glauber o condicionamento preconceituoso ou mesmo desconhecido do negro se faz sentir em *Deus e o diabo na terra do sol* e em *O Dragão da Maldade contra o Santo Guerreiro*. Não há nessa produção o negro rural real, somente uma fantasia.

Em contrapartida, Nelson Pereira dos Santos já traz a temática do negro e, sem dúvida, embora seu cinema seja mais documental com vinculações urbanas, Nelson é tão propositor de olhar realmente para as mazelas da vida dos carentes nacionais como Glauber (no mesmo plano coloco esses dois cineastas) com os nordestinos. Esse cinema despreza produtores. É o auge da relação diretor/produtor, o primeiro não querendo prostituir-se. Surge o diretor-produtor, como esses dois gênios do cinema nacional. É toda uma postura de negar a relação capitalista e suas formas atraentes de financiamento. Todos devem se lembrar da célebre frase de dos Santos: "Uma câmera na mão e uma ideia na cabeça".[1] É, portanto, esse cinema produzido ideologicamente, um cinema que faz voto de pobreza. De fato, é incompatível com os gordos financiamentos do tipo superprodução. Diríamos que atualmente a frase de Nelson Pereira dos Santos foi parodiada: uma câmera nas mãos e uma tese na cabeça.

DO CINEMA ENGAJADO AO CINEMA FINANCIADO POR ÓRGÃOS ESTATAIS E FINANCEIROS PRIVADOS — DE *DEUS E O DIABO NA TERRA DO SOL* E *VIDAS SECAS* AO DELÍRIO MONETÁRIO: O CINEMA COMPROMETIDO

Na década de 1970, muitos dos discípulos de Nelson e Glauber tentam trilhar o caminho da superprodução financiada pela mesma burguesia. Cacá Diegues, que ainda começa sua carreira de diretor em 1960, é um dos que se preocupam com a temática negra. Entretanto, aborda-a como a um filão com que ele pode prosperar e não realizar. Seu cinema não é metáfora nem documento. Baseia-se em lendas negras da literatura romântica e não em dados históricos. Ao mesmo tempo explora uma possível inserção do problema negro na mesma ideologia do Iseb e do CPC da UNE, ideologia de pequenos burgueses. Por exemplo, seu Ganga Zumba no filme de mesmo nome (onde ele explora a ideia de Augusto Boal de *Arena conta Zumbi* [1965]) mostra a fraqueza de seu argumento. Entretanto, onde Cacá Diegues foi

---

1 A frase costuma ser atribuída a Glauber Rocha. [N. O.]

mais infeliz foi em *Xica da Silva* [1976] (um filme realmente comprometido e pobre).

O que eu chamei de delírio do financiamento acontece não somente na área das artes, mas principalmente na produção acadêmica... É um novo mercado de negros.

CONTRACULTURA OU SUBCULTURA: A VISÃO BRANCA DOS NEGROS

Quando, em 1975, o Secneb [Sociedade de Estudos da Cultura Negra no Brasil], na Bahia; o Sinba [Sociedade de Intercâmbio Brasil-África] e o IPCN [Instituto de Pesquisas das Culturas Negras], no Rio de Janeiro; o Cecan [Centro de Cultura e Arte Negra], em São Paulo; e o Ceba [Centro de Estudos Brasil-África] e o GTAR [Grupo de Trabalhos André Rebouças], em Niterói, se organizaram enquanto instituições – visando, num primeiro momento, à afirmação da cultura afro-brasileira no conjunto da cultura nacional, ou seja, uma contracultura –, não tinham a noção muito clara de todo o processo de massa que se iniciara em 1974, sob a chancela do Ceaa [Centro de Estudos Afro-Asiáticos], da então Faculdade Cândido Mendes, de Ipanema; muito menos previam as dimensões que tomaria esse projeto de afirmação, a ponto de influenciarem setores do Cinema Novo, que agora abandonam o cinema engajado para o cinema comprometido com financiamentos privados e de órgãos governamentais. Em 1976, surge *Xica da Silva*.

Não sabíamos que, enquanto os negros nessas instituições lutavam com dificuldades de toda ordem, desde o enfrentamento de órgãos de Segurança Nacional à pobreza financeira, o negro voltava a ser mercadoria vendável, dessa vez, a partir da "média".

Xica da Silva seria o filme em que essa situação se refletiria de forma virulenta. Foi um desmentido dos nossos projetos de afirmação cultural. Essa situação foi traumática para todos nós. Ao contrário de *Amuleto de Ogum*, *Xica da Silva* refletiu toda uma postura racista tanto do diretor como dos produtores e financiadores. A conversão do seu diretor à grande produção roliudiana foi também sua conversão ao cinema comprometido com o espetáculo e ao mesmo tempo uma adjuração à frase de Nelson Pereira. Agora, segundo o novo tipo de cinema, este passou a ser "pão e circo para o povo", uma repetição da ideologia racista de que estava impregnado o diretor. Para nós, no dizer de Candeia Filho, "Xica da Silva foi um grande pesadelo", porque acabaram com a apoteose da raça. *Xica da Silva* fez o povo sorrir de sua própria imagem, e isso levava ao perigo do conformismo.

Particularmente, *Xica da Silva* veio a render dividendos negativos, tanto mais quando há dois anos o cineasta proclamou o tema *"patrulha ideológica"*.[2] Eu responderia a entrevista a um periódico italiano do sr. Diegues, se a inteligência nacional quisesse na realidade levantar a polêmica:

2 A expressão "patrulha ideológica" reverberou devido à fala de Cacá Diegues em entrevista ao jornal *O Estado de S. Paulo* em 31 ago. 1978: "São patrulheiros que ficam policiando permanentemente a criação, a criatividade, tentando limitar ou dirigir para essa ou aquela tendência" (p. 16). Sem mencionar o artigo de Nascimento – que dirige críticas contundentes não só a Xica da Silva como também ao diretor do longa –, mas acionando pontos do texto dela, Diegues acirra seu discurso: "Eu já vi, nos jornais chamados alternativos, democráticos, os chamados jornais da redemocracia, proclamarem que certos diretores não deviam fazer filmes, não deviam fazer cinema". O cineasta retoma esses argumentos na coletânea de entrevistas "Patrulha ideológicas" (Pereira & Hollanda, 1980, pp. 16-22). [N. O.]

MERCADO FINANCEIRO: CONTRACULTURA OU SUBCULTURA NACIONAL?

Diria particularmente: fui patrulha ideológica ou defendi o direito de ser um novo negro, um novo homem? Ao não aceitar um estigma instituído pela coletividade nacional. Dissemos, sim, que, de uma vez por todas, *parassem de nos usar como mercadoria vendável num novo Valongo*. O que queríamos dizer quando afirmamos que, para nós, a carreira de diretor de Cacá Diegues pararia ali foi um desabafo em cima do clamor de todas as entidades negras daquele período, desde as recreativas às políticas, num grande BASTA aos racistas e aproveitadores de nossa imagem, logo, de nossa identidade.

Antes desse filme, a crítica de arte e o cinema nacional andavam, se não de mãos dadas, pelo menos lado a lado, muitas vezes numa atitude até complacente. O rompimento se deu quando eu falei em nome daquelas instituições anteriormente citadas (elas me exigiram um artigo sobre o filme, que foi publicado dentro desse espírito no Semanário *Opinião*, jornal da imprensa alternativa). A principal pergunta que fizemos à inteligência nacional foi: o que estava se passando na mente dos antigos intelectuais do Iseb para tripudiarem e vilipendiarem sobre o negro, num momento em que os negros buscavam sua identidade e a afirmação de sua autoimagem? Era nesse momento crucial que surgia a figura da "escrava--negação-desta-imagem-nova". Voltavam a nos sugerir que não tínhamos direito a uma história, somente àquela escrita, totalmente tendenciosa.

Entretanto, houve a incompreensão do próprio diretor, pois toda vez que um crítico, e não a Censura, coloca uma obra no *index*, os interesses dos autores vêm à tona, de uma forma tão mais autoritária quanto era a Censura num país politicamente fechado, ou seja, o Brasil sob o regime do AI-5, em 1976.

Outra pergunta que fiz no referido artigo ("A senzala vista da casa-grande") aos intelectuais de um modo geral: para que nos mostrar a nós mesmos através de uma imagem tão deturpada? Imagem onde nós não nos reconhecíamos homens e mulheres aptos, mas onde todos os estigmas estavam representados. E por que surgir naquele momento de mobilização dessas entidades em busca de liberação dos estigmas raciais?

Daí termos dito no artigo "A senzala vista da casa-grande" que o caminho pelo qual o povo trilha é um caminho tortuoso para chegar a implantar uma nova visão, ou melhor, uma nova ideologia de si mesmo. Afirmamos ainda: quem disse ao diretor de *Xica da Silva* que o povo de "Madureira" é um povo bom e puro na miséria? Se nas mentes e nos corações desse povo não existe racismo? Por que mostrar a miséria interior de um grupo de negros que ele (o cineasta) tentou representar nesse filme? O que dizer de um povo que "debocha de si mesmo", como parecia ser sua intenção no filme? Diria que a comicidade de *Xica da Silva*, o humor que foi demonstrado, está impregnado da própria repressão que o negro, como parte integrante do povo, sofria naquele momento. Os negros então reintrojetaram a experiência individual de que "negro conhece o seu lugar", expressão que na década de 1960 foi trazida por Millôr Fernandes de forma crítica, mas neste momento, nos anos 1970, aparece como conformista e escapista. Foi essa a mensagem que esse filme deixou passar, demonstrando mais a ideologia de diretores pequeno-burgueses que concebiam o povo como uma simples constatação de *ethos* do que realmente o são a cultura e a ideologia afro-brasileiras, e as imagens e representações que os afro-brasileiros fazem de si mesmos.

Ao lado disso, o conhecer-o-seu-lugar através dessa obra minou as resistências de um povo secularmente estigmatizado e reprimido. Esse "reprimir", ou seja, o superego ou o ego social, retornou de forma a provocar a desmobilização daquela expectativa de libertação cultural que as entidades e instituições negras tinham organizado naqueles anos.

Vejam bem, *Xica da Silva* surge no momento em que toda uma faixa etária de jovens negros se ocupa em protestar contra a discriminação racial através do som e da dança do *black soul* nas grandes cidades do Brasil. Sua nova identidade é dos *Shaft*, dos *Muhammad Ali*, dos *James Brown*, dos *Malcolm X* e de outros líderes que, em representações ou não, lutaram para pôr um fim à crise racial americana.

Vivenciamos como essa produção artística cinematográfica, que surge a partir de *Xica da Silva*, dá um banho de água fria numa população potencialmente produtiva. Enquanto esses jovens e não jovens buscam sua identidade racial positiva, se realiza uma obra de arte em que volta a figurar uma "escrava" que aceita a aliança com o poder colonial e escravagista, pensando somente em ascender de classe, ou seja, a individualização daquela que "conhece o seu lugar" – faz na entrada ou faz na saída.

Essa visão preconceituosa e racista que foi a mensagem do filme. Poderíamos chamar isso de contracultura ou de subcultura? Sim, o filme é caro, mas culturalmente é nulo a meu ver.

Passaremos, então, ao debate: culturalismo, contracultura ou subcultura na continuidade da produção cinematográfica em longas-metragens?

MITO E IDEOLOGIA

MITO — DEMOCRACIA RACIAL
IDEOLOGIA — BRANQUEAMENTO

Acredito que tanto o mito como a ideologia possuem fundamentos reais, isto é, estão calcados na experiência das relações entre as pessoas, são como algo que vem do passado, sendo reelaborados nas situações presentes. Mas nem o mito nem a ideologia resolvem de todo os conflitos e as diferenças ordenadas dentro de determinada sociedade. No caso que estamos discutindo aqui, essas experiências foram transformadas em ideologia no sentido amplo, isto é, no sentido instrumental de um sistema econômico e, mais que isso, instrumental de um projeto para um Estado que luta a duras penas para manter a sua unidade enquanto nação multifacetada. Esse projeto não é novidade: como corolário ideológico, apropriou-se da realidade no sentido de instrumentalizá-la na legitimação do "não

■ Texto inédito, datilografado e não datado, com "agradecimentos à Agência de Comunicação Internacional dos Estados Unidos". A participação da autora no seminário *O Brasil e os Estados Unidos: além dos estereótipos*, realizado pelo mencionado órgão estadunidense de 8 a 12 set. 1980, foi noticiada no *Jornal do Brasil* (Caderno B, 2 set. 1980, p. 2). No seminário, a mesa "Mitos e estereótipos" tinha como composição prevista: apresentação do tema pelo crítico literário Leslie Fiedler e o sociólogo Carlos Hasenbalg; debate pelo brasilianista Richard Morse, o embaixador Raimundo Souza Dantas e a historiadora Beatriz Nascimento. [N. O.]

resolvido". Este "não resolvido" é a dominação de uns e a submissão de outros.

Penso que a miscigenação, questão fundamental, é um dado da experiência entre povos diferentes, representando não só os contatos físicos entre homens e mulheres de raças particulares mas também o convívio. No caso entre brancos e negros no Brasil, talvez tenha sido – e pretendo que seja ainda – um dos poucos espaços livres para os indivíduos exercerem sua liberdade individual de escolha do outro, como parceiro, amigo etc. Por isso, considero uma forma política de minimizar o conflito racial; minimizar somente, não resolver. A não ser nos casos ditos tradicionais do passado escravista, da relação senhor/escravo – e mesmo durante esse período –, a miscigenação foge à coerção dos poderes constituídos.[3]

Mesmo para os brancos e mais ainda para os negros, ela foi e é uma forma de defesa. Defesa no sentido de forçar passagem para um espaço social, cultural e existencial menos sofrido. (Principalmente na visão extensiva de sobrevivência dos descendentes.)

Do ponto de vista das relações humanas, é uma forma de forjar sua identidade e relacionar-se com outra identidade, reforçando a primeira. Insisto que tanto pode partir do homem ou mulher branca quanto do homem ou mulher negra.

---

3 Beatriz se refere à ideia de miscigenação como forma de coerção colonial, como peça-chave no projeto hegemônico de embranquecimento da população brasileira. Tal ideia é discutida sobretudo nos ensaios "Por uma história do homem negro", de 1974 e "Nossa democracia racial", de 1981 (Nascimento, 2021, pp. 37-46, 62-67). Nesse texto, contudo, ela aborda também um aspecto menos comentado dessa discussão: a miscigenação como escolha, dentro dos limites do contexto mencionado, nos relacionamentos interraciais. [N. O.]

Ressalvo que esse exercício político no âmbito dessas microrrelações sociais e raciais não é um dado novo da história dos povos de todo mundo, muito menos uma peculiaridade da história racial do Brasil, senão da história dos povos do Novo Mundo que possuem a herança escravista.

Disse tudo isso somente para alertar, talvez a mim mesma, sobre os perigos diante da análise lúcida do prof. Carlos [Hasenbalg], para não decidirmos aqui que o mito e a democracia racial e o ideal do embranquecimento (esses, sim, instrumentos de legitimação da dominação pregados pelas elites e poderes governamentais, a fim de massacrar os verdadeiros conflitos subjacentes que existem no âmbito das relações raciais no Brasil) sejam, por nós, cientistas, transmitidos como objetos julgados conforme valores primários de bem ou de mal. Senão cairemos no mesmo processo ideológico de pensar que é a partir daqui, ou de nós, que essas questões serão resolvidas.

A meu ver, o reforço ou não desse mito e dessa ideologia que estão começando a passar por sua fase de crítica depende muito mais da atenção de brancos e negros de alguma forma comprometidos com a mudança desse estado de coisas, através das negações dos estereótipos que recaem sobre os negros, estereótipos que se mantém inalteráveis através das obras literárias, através da produção lúdica, dos meios de comunicação em massa, através da própria história no seu processo de educação e formação do caráter nacional e através da linguagem cotidiana ainda extremamente depreciativa na comunicação com as pessoas.

EU NASCI EM 1968

Eu nasci em 1968. Havia ideias no ar. Um ar de transformação. Existia um quebrar de códigos. Existia um odor de guerra que se transformaria em vida. Pensávamos nós! Críamos que ideias não convencionais, há muito antes pensadas, seriam práticas naquele momento.

Pensávamos nessa guerra para o triunfo do amor. Amor entre os homens que acreditávamos ou escolhemos que o fossem [capazes de amar]. Mas fundamentalmente no amor que existia em nós. Nos amávamos e faríamos e fizemos tudo para provar esse amor.

Éramos anárquicos, contra o que era arcaico, contra arquétipos incutidos nas gerações anteriores e sobreviventes em nós. Éramos um só grito em torno da Terra.

Sim, em 1968 eu nasci e tudo o que foi me traz saudade hoje, me traz dúvida, porque as forças atuais falam dali como um éden perdido. Vinte anos depois, penso que nada valeu depois de 68, a não ser até onde ele veio, a não ser o que existe dele dentro de mim e de alguns poucos. O ter estado lá, fosse como fosse.

■ Texto inédito, manuscrito, originalmente sem título e datado provavelmente de 1988, o que se depreende pela frase: "Vinte anos depois, penso que nada valeu depois de 68 [...]". É a narrativa de uma mulher negra, estudante universitária, 25 anos, residente no subúrbio, não pertencente a nenhum grupo político, o que se diferencia das memórias (de predomínio branco e masculino) no tocante às mobilizações contra a ditadura militar (Pires, 2018). [N. O.]

Mas o que foi 68? Terceiro ano na universidade, quebras, rompimentos, prisões. Muita vontade de potência: Marcuse, Adorno, Horkheimer, Heidegger. Algum resíduo de Marx (cap. 21), mas lido como poesia, literatura. Margareth Mead, Laing etc. Notícias de Berkeley, Toronto e principalmente Vincennes. Muita vontade de potência, muita fé, muita crença. Já não nos interessava a economia a não ser como mais uma filosofia a serviço do homem.

Tudo a serviço do homem e cada um de nós individualmente daríamos nossa cota à vida e à morte, à ação cotidiana e à loucura...

Em qualquer pensamento, o passado é considerado, de fato, passado. Mas, para alguns, o passado tem sabor de presente. Ainda mais quando o passado foi uma crença vivida, quando, intensamente, marcou vidas. Não é nostalgia, não é um elo perdido.

Talvez seja algo a que você se agarra para que sobreviva em você o melhor do que foi: palavras, ideias, pensamentos, sons e pessoas. Talvez seja algo que ainda persista e que, ao ser recordado em você, tocado, lhe lembre que você é vida, pois, em 68, você a descobriu.

O estar no mundo, como o é o mundo, o ser no mundo, não o entendendo como um mito acima de você, mas como convivente com você. Era um momento de intervenção. Intervir no mundo não como coisa frouxa, mas como ele mesmo.

Viajávamos para o futuro interagindo com forças que estavam em nós e fora de nós. Não havia por que nem por quem chorar.

Viajávamos em ânsia de existir no real. Éramos dignamente assassinos, dignamente suicidas.

Nós, mulheres, éramos fecundas, povoávamos com os nossos filhos do nosso jeito. Demos amor ao homem num dar-se de si, com a certeza de que o homem é a continuidade do homem.

E hoje pela manhã, ao trocarmos associações, veio-me enorme vontade, realmente, de uma vez contar essa história. De dedicar-me a ela, como a canção de Lennon, *Jealous Guy* —[4] já não era uma era, mas sim um chamamento das nossas imaginações. Sim, tínhamos muita imaginação, muita dor, mas essencialmente a alegria de sentirmo-nos introspectivos no mundo.

Não sei se o sonho estava acabado, porque o sonho humano não se acaba, a não ser com a morte. E queríamos tanto *ser* que acalentávamos a morte como algo não religioso, não moral. Seria a heroicidade tão negada, tão controversa, tão comprometida, que nos percebíamos? Em cada um de nós havia um herói, cada um de nós era um deus. Quebrávamos o passado como arqueólogos desastrados, buscávamos nós em nossos mitos, um dos quais e o mais importante: o pensamento. Tudo uma saga antiga do representar o ideal de ser, de ser animal humano.

Atualmente o senso comum fala dali como uma liberação (liberdade libertina). Fala de lá como um trauma remoto. Fala de lá como uma macro-orgia. Quando éramos Liberdade e Justiça.

Me pergunto se, dentro de alguém, ainda existe a permanência do que foi. Pois em alguns momentos meus, à desesperança de um mundo pouco vigoroso, lembro-me de muitas sensações internas e nem sempre possíveis de narrar que me fizeram ser na de 68.

---

4 Na canção, cujo título se pode traduzir por um "cara ciumento", faz-se referência a sensações liminares como "estava sonhando com o passado/ meu coração batia rápido/ comecei a perder o controle/ [...] estava me sentindo inseguro/ comecei a tremer por dentro [....]". No parágrafo seguinte, a autora se refere à frase *The Dream is over* (o Sonho acabou), proferida por Lennon em entrevista à revista *Rolling Stone*, no fim de 1970. [N. O.]

Lembro-me e hoje é abril. Lembro-me que dizia da forte impressão e do estado entre a graça e o temor quando nos encontramos, quatro companheiros.

Foi no Rio de Janeiro vindo da universidade, vindo do obelisco da Beira-Mar. Sentíamos alguma depressão após a assembleia na Praia Vermelha. Vínhamos num silêncio reflexivo de qual caminho seguir. Encontramos Sérgio com todos os compêndios de filosofia debaixo do braço. Eufórico, nos anunciou a Revolução de Maio em Paris e concluiu: "A transformação pela luta do proletariado está finda".

O que significavam aquelas palavras? Sentimos um contentamento; ao mesmo tempo, surpresa e sensação do fim de nossas crenças. Mas foi Maio de 68.

Pressentíamos o que aconteceu. Era o fim de nossa atuação. Era o fim de nossa fé, era a decadência de nossa geração. Que loucuras faríamos? Até onde chegaria o limite da loucura que teríamos que continuar para prosseguir a história, de que, pensávamos todos, éramos artesãos naquele momento?

Mas passamos muito tempo sendo "nossa geração". Às vezes, atualmente, isso pode sugerir pedantismo, o sentido de decadência ou simplesmente negação. Há quem negue 1968. Negam como se fosse possível, ou melhor, por falha de caráter, ou quem sabe? Porque não o viveram.

Mas, no grande momento, a nova descoberta do pensamento surgida de nós foi: até onde irá nossa loucura ou nós a trairemos? Voltaremos a acreditar e voaremos como a fênix, ressurgindo das cinzas?

E voltamos para todos os mitos. Deve ser o que está acontecendo nos anos 1980. Voltamos ao mito da conservação. Aliás, estamos conservantistas. Talvez ressurjamos pelo simbólico, mais uma vez pela loucura. O simbólico é real concreto, disseram ainda noutro dia. Mas isso não é novo. Éramos o real-simbólico. Éramos nossos próprios símbolos, em nossas idiossincrasias.

O coletivo era fruto do individual. Nunca fomos tão indivíduos. Nunca interferimos tanto no superego, no social organizado. Dizíamos da nossa morte com o sentido de engrandecer o coletivo. Acreditávamos ser possível!

De onde vinham essas noções? Pensadores nos indicavam e até compartilhavam conosco. Transgredíamos com o sentido de *trans*: passar, atravessar. Foi uma travessia "por mares nunca dantes navegados" [Camões, Canto I]. Não importava quais os instrumentos que usávamos, tínhamos certeza de que estávamos indo para o futuro. Afinal era a geração pós-*teenagers*, após uma Grande Guerra. Tínhamos sido o gueto dos *teenagers*.

O sentimento de morte heroico, sementes da terra. O saber estava e vinha em fragmentos, mas qualquer fragmento de saber totalizava a poesia que éramos nós mesmos. Ao anoitecer, após a notícia da revolta, dirigi-me sozinha para casa. Fitava as pessoas nos ônibus: operários, secundaristas, bêbados, loucos, pensando: "Falta pouco tempo para não estarmos miseravelmente aqui". Gostaria de dirigir-me a eles com um sinal de esperança resumido na palavra *mudou*.

Mas tinha dúvidas dessa mudança. Já me sentia só sem acreditar em aliados. Receava que impedissem de concretizarmos os nossos projetos, pois, ao pensar naqueles três amigos e em mim, alguma coisa chamava-me a atenção, mesmo entre nós, mesmo recusando como comportamento, existia a barreira da classe social.

Sentia que a Revolução de Maio como notícia naquele dia era um movimento do mundo e como fazia parte do mundo, daquele mundo, ela era minha, era nossa. Já os amigos pensavam num próximo voo para Paris. Era ali mesmo, próxima à praça do mesmo nome, no obelisco, próximo ao Calabouço e ao grande neon da *Air France*.

Ao refletir, não podia evitar afirmar interiormente o que já vinha percebendo: não nos iam deixar continuar porque seus pais não deixariam. Deparei-me com uma constatação científica. Eles estão lutando contra seus pais, enquanto seus pais (para os passageiros do ônibus) eram elementos de oposição muito distantes. Eram eles os conservadores, mas eram seus pais. No fundo, o mundo que contestavam estava na sua genética. Eram "patrícios" confrontando-se com Patrícios.

Havia uma pressão além do social, além do ideológico, que desembarcou em 68. Talvez essa pressão fosse edipiana, talvez uma forma de parricídio. E dessa pressão, uma queda de tabu, poderia estar acontecendo o novo. Eram filhos contra o mundo dos pais, eram alunos contra o saber dos professores. Era também a pobreza contra a riqueza. Enfim, era uma síntese que desembocava no plano político na ditadura dos anos 1960. E é nos momentos de grande pressão que o homem cria, que o homem transcende a si e a sociedade, a nação e o cosmos.

Não se justifica a repressão por uma questão ideológica e de princípios. No entanto, a partir dela, descobre-se o eu, o eu sozinho. Já que existe esse eu sozinho, vivemos o sentido da heroicidade do fim em si. Só a nós importa o fim que almejávamos: vida ou morte. Transformação.

Aparentemente transformamos, aparentemente quebramos todos os tabus. Foi só aparentemente? Ou os tabus são resistentes, como se numa genética historicizante, na outra geração, surgissem como o ser real? São revisitados?

Não se pergunta quando se atreve a escrever. Esperam que já digamos o "já". Em algum momento e em algum lugar já me disseram isso. Porém a questão é a *quaestio*, é a dúvida, ou melhor dizendo, é o "não aceito".

Em 68 não aceitávamos. Não aceitávamos o espetáculo porque nós o éramos. Aos vinte anos, não éramos remadores de galés, não éramos recrutas em quartéis para qualquer guerra. Estávamos migrando no mundo como andarilhos físicos ou no pensamento. Abríamos todas as fronteiras. De todo o corpo físico e de todo o corpo histórico. Mas um corpo físico não resgata todo o corpo histórico.[5] Muito embora pensássemos nós, em 68, que a história não mudava o indivíduo, mas que o indivíduo era capaz de mudar a história. Daí nossa indignação contra a guerra em massa e a favor do guerrilheiro transformador, do rompedor de limites, do instransponível.

Nada era intransponível. Das florestas da Bolívia ao mutismo do Louvre. Nada deveria estar estático. Todo movimento fazia parte do movimento como teoria constatada. Como foi transição, éramos transitórios no caminho do avanço da permanência totalitarista, herança do fascismo. Nada era ultrapassável. A não ser pelo ódio amoroso daquele que fere o mundo adentrando serras inalcançáveis, matas intransponíveis. Este lema que simbolicamente oculta-se nos recônditos da Terra. Simbolicamente persegue a vida pelo encanto da metamorfose da morte coletiva ou solitária.

A heroicidade exacerbava-nos diante do descrédito total. Criamos em nós, nas pedras pontiagudas, no limo do verde, no líquido dos rios.

Claro que não nos detemos diante de tudo isso como um simbolismo; até certo ponto, esses materiais planetários que

---

5 Frase presente no texto em prosa "Estudo em Mi maior, *opus* 10, nº 3" e no filme *Orí*. [N. O.]

invadiram nossa imaginação ou que suportavam outros passos estavam revestidos do real, ou seja, do pensamento criado nas universidades do Centro e impresso nas páginas de um livro. Nada mais excitante do que uma guerra, cuja vitória, antes de ser alcançada, estava comprovada em manuais.

E éramos impressores de vastas e vastas quantidades de palavras em papéis imperecíveis, que falavam mais alto que o nosso próprio corpo, que estariam impressos eternamente nos demais. Imortais. Críamos numa insurreição que chamamos de Revolução. As lições do passado nos direcionavam para aí. Jamais morreríamos, embora morrêssemos. Jamais seríamos esquecidos ao inventarmos vários Vietnãs em constância sobre o mundo. Éramos criadores de Vietnãs.

Fundávamos Praças Che Guevara em qualquer logradouro da cidade. Disfarçados de namorados, em pares, as fundávamos de Cascadura a Jacarepaguá, durante a noite ou ao meio--dia. E o silêncio era nosso cúmplice. Atirávamos panfletos com esclarecimentos e, quem os recebia, eram as poças d'água e a grama ressentida.

Criadores de Vietnãs. De acordo com a máxima de nosso líder maior. Adesores que víamos assim o ser. Crédulos, certificados, defensores. Éramos profetas instigantes do real. Éramos, até sermos vazios.

1968: muitas faces esbarram nesse ano. Em maio, a morte do estudante.[6] Para quem não sabe, em nossa geração, estu-

---

6 Edson Luís de Lima Souto, paraense, 18 anos, morto por policiais militares que, em 28 mar. 1968, invadiram o restaurante estudantil Calabouço. Estudantes resgataram o corpo, acompanharam a autópsia, fizeram o velório e sepultamento no outro dia. Algumas fotos mostram o corpo seminu de Edson ensanguentado e/ou coberto de cartazes, em alguns deles está escrito: "Poder jovem contra a crueldade no poder", "mataram

dante não morria. Nós éramos intocáveis pela própria moral dominante. Quando, naquela tardinha, sentimos pela primeira vez nossa vulnerabilidade. Pelo menos eu senti. E era indignação por sentir-me passível do ato mais violento das forças de repressão. Pensava: não respeitam mais o meu corpo, meu saber, anteparo no todo social.

Com a morte do estudante em abril ou maio, resolvemos todos, cada um à sua maneira, radicalizar, pois eles haviam chegado à radicalização. Foi o começo do nosso declínio. Foi o enfrentamento.

E nós, fundadoras de Praças, o que fizemos? Acompanhávamos de uma forma rica e diversificada a ação dos líderes na universidade. Agíamos um pouco à parte do mundo político dos homens.

Estávamos, às vezes; participando, sempre; e colaborando.

Sucedem-se, ao enterro do estudante, a Passeata dos Cem Mil, antes ou depois (?), a assembleia na Economia e a prisão no Campo do Botafogo.[7]

Dou muito mais importância à última, embora o movimento nunca a tivesse levado muito a sério; só sei que mais tarde Norma era morta num ataque contra os Tupamaros (1975). E ela, como a maioria, éramos as "meninhas" presas no Campo.

um estudante: e se fosse seu filho?". Disponível em: memoriasdaditadura. org.br/memorial/edson-luiz-lima-souto. [N. O.]

7 A passeata ocorrida em 26 de junho de 1968 reuniu cerca de 100 mil estudantes, artistas, intelectuais, políticos e outros membros da sociedade civil que exigiam o fim da ditadura militar e a responsabilização do Estado pelo assassinato do estudante Edson Luís de Lima Souto em março. Foi precedida, entre outros eventos, pela assembleia geral do movimento estudantil no Teatro de Arena da Faculdade de Economia da UFRJ, em 20 de junho, e pela detenção e agressão de centenas de estudantes pela polícia militar no Campo do Botafogo, em 21 de junho. [N. E.]

Após o mês de junho, continuamos a nos reunir em almoços, a tocar violão como disfarce, a ir às inaugurações das praças Che. Lembro-me de uma em Madureira inaugurada no deserto entre a última garfada de "strogonoff" e um samba de Paulinho da Viola.

Em outubro, ouvíamos perplexos "Alegria, alegria", descendo a rua Jardim Botânico, e foi um desvio. Já em agosto, nas Olimpíadas do México, meu coração mudara. Diante da depressão ansiosa que me invadira com a perspectiva do dia D. Dois punhos feriam o ar, minha máscara começava a se recompor e meu ideal se dirigia à concretude dos incêndios em Detroit, Newark, ao arco da Universidade de Chicago, e meu nacionalismo desviou-se para algo mais potente. Dois punhos ferindo o ar do México. O não, o negro vindo do meu sangue e não mais da classe parricida.[8]

Poder, que na outra língua, mais sonora, era *power*. Vinha da minha cor, vinha da minha luta embutida no próprio eu. Campeões, vigor, vitória. Era a primeira vez que a máscara banto não aparecia curvada sob o peso da submissão. Eram os campeões do mundo negando a ordem daquele mundo. Não lutavam a favor de uma classe distante do seu real. Erguiam os punhos pelo domínio do espaço ocupado pelos seus corpos fortes, pelo seu belo desempenho, pelo direito de ser um *black*.

---

8 Referências ao Movimento *Black Power* nos Estados Unidos. A autora rememora alguns episódios: levantes raciais com pessoas negras assassinadas em Newark, New Jersey, em julho de 1967, e em Detroit, no mesmo mês e ano; em março de 1968, morte de Martin Luther King; em outubro, os atletas Tommie Smith e John Carlos, respectivamente, primeiro e terceiro lugares na prova de 200 metros rasos nas olimpíadas, ergueram as mãos e baixaram as cabeças, gesto em referência aos Panteras Negras (Umoja et al., 2018). [N. O.]

Ainda era agosto e seria setembro, 7 (sete), no Parlamento. Contrapunha aquela imagem com as escaramuças verbais, com o discurso mortífero. Era setembro e volto-me para quem de fato era o meu retrato contínuo: escaramuças verbais, extremismos, choques e quedas de tendência, notícias aqui e ali dos grupos clandestinos.

Outubro, Detrez é expulso do país, e aí que descubro que ele estava em São Paulo, na ALN. Manda-me um recado para encontrá-lo no navio ancorado no píer. Fico supressa, mas minha mente está nos acontecimentos do hemisfério norte. Repercussão ainda da morte do líder muçulmano, a marcha silenciosa, a morte de King, a recuperação de King, o moderado, no meu entendimento do seu processo.[9]

Chegava novembro. Era uma tensão insuportável, cantava-se ainda "Alegria, alegria" e "Expresso 2222", mas eu não pensava em Londres a não ser para vestir aquelas roupas engraçadas de menina. Estava começando a "Dança dos Fantasmas"; como nuvem vermelha no passado, voltava-me para a Califórnia, de lá irradiando a Revolução Americana, a nação negra, com mais esperança do que em Wounded Knee.

E tinha Santana.

---

9 Desse trecho até o final, Beatriz Nascimento evoca várias referências, algumas diretas e outras, não: Conrad Detrez, escritor belga e militante do grupo de esquerda Aliança Libertadora Nacional; as canções, respectivamente, da autoria de Caetano Veloso e Gilberto Gil, que se exilaram em Londres; o Ghost Dance, movimento espiritual de indígenas Peyot, na Califórnia, ampliado para outros grupos e que acabou com o massacre em Wounded Knee Creek, na área do povo Dakota. É possível presumir que Santana seja o guitarrista. [N. O.]

88 – A CAUSA DA LIBERDADE

88 – A causa da liberdade, baseando-se nas várias formas de luta dos negros pela abolição da escravatura, optou pela visão historiográfica para verificar pela recorrência dos fatos a questão da liberdade nos anos atuais.

No ano em que se comemora o centenário abolicionista as perguntas primordiais são: quais os caminhos que desembocaram nessa aspiração? Como as elites brasileiras, no jogo entre interesses internos e externos, manipularam os instrumentos políticos das massas no seu desejo de emancipação não somente pelos estatutos legais, mas pelos ganhos culturais e econômicos?

Após um século da Lei Áurea, essa distância no tempo conduz a tratar a *causa da liberdade*, a partir do lugar do negro na sociedade atual, lugar que divide com outros elementos da nacionalidade também frustrados nos seus desejos. Daí a recorrência: como foi antes, até 13 de maio de 1888? Como se deu a participação da resistência do negro na batalha pela história e pelo fim da escravatura? Como as elites do poder e o Estado regeram uma orquestra, cujo coro já ressoava na África remota, na travessia, e nunca deixou de manter sua voz bem alta na

---

▪ Texto inédito, datilografado, datado de 2 mar. 1988. Remete à peça de teatro homônima de 1988, com dramaturgia de Domingos de Oliveira, direção de Anselmo Vasconcellos e atuação de Zezé Motta, Nelson Dantas, Antônio Pompeo e Pascoal Villaboim, entre outros (Murat, 2005). [N. O.]

direção destes objetivos: refazer sua dignidade, conquistar seu espaço social, enfim, assumir sua cidadania, até então negada?

Sem dúvida, a Lei Áurea estabeleceu o preceito descritivo pelo decreto do fim da escravidão negra. A posteridade mostrará que ela somente redigiu uma norma sociocultural, por razões de Estado (como o são todas as leis).

O fim da escravatura não deu lugar ao fim dos problemas do povo brasileiro, menos ainda de seus beneficiários, os descendentes de africanos no Brasil. A causa da liberdade de 1888 é tão ou mais urgente em 1988, na medida em que, antes como agora, os fatos não se resumem a criar uma "figura jurídica" para solucioná-la. Também não está em "abolir", mas sim em "fazer" condições para que "haja" liberdade e cidadania.

A peça *88 – A causa da liberdade* tem como proposta última refletir sobre a identidade nacional diante desse dilema que parece longe de ser solucionado ainda hoje. Colocando em cena lado a lado negros e brancos, trafegando sobre as ambiguidades vivenciadas, sejam de caráter histórico, político ou racial, a peça levanta a crítica a esse estado de coisas.

Contrapondo "escravizados" e "escravagistas", a exuberância dos primeiros que clamam e empreendem a luta pela liberdade ao poder dos segundos atados ao conservadorismo e ao domínio, exibe como estes atrofiam a aspiração maior em detrimento não só das próximas gerações de negros, mas da própria nação e do seu povo.

APRESENTAÇÃO DE *ORÍ*

1.

Orí, vocábulo de origem africana, da língua yorubá, concernente aos povos chamados de nagôs (África Equatorial e Ocidental), significa cabeça. Quando de posse de um orixá (força cósmica que sustenta e dinamiza o universo), o indivíduo através do procedimento iniciático-religioso invoca os espíritos dos ancestrais, traduzindo-os em funções cerebrais: "fazer a cabeça" vem ser a apreensão da consciência amadurecida do que existe no mundo externo, concomitante ao autoconhecimento.

Orí, nesse contexto, é o elo entre o passado e o presente, entre o mundo natural e o sobrenatural (*Orun*), entre o tempo histórico original, em África, e o hodierno na América nagô (Brasil, Haiti, Cuba etc.).

2.

Orí, o filme, passa por uma pesquisa. É aí que se insere: a pesquisa que acompanha outra "pesquisa", ou seja, a busca por elementos da comunidade negra brasileira, da ideologia do

---

- Texto inédito, datilografado e não datado, em que Beatriz Nascimento traça o processo de elaboração até a edição do filme. Portanto, escrito após a finalização do documentário em 1989, ou depois. [N. O.]

movimento social que a partir dos anos 1970 veio a ser conhecido pela denominação vulgar de Movimento Negro – 1970.

Esse movimento tem sua gênese no Rio de Janeiro, precisamente no mês de março de 1974, na sede do Centro de Estudos Afro-Asiáticos (Ceaa), do Conjunto Universitário Cândido Mendes. Simultaneamente ocorre em outros estados da Federação (Rio Grande do Sul e São Paulo, por exemplo). Já em 1977 realizou-se a Quinzena do Negro, no auditório da Universidade de São Paulo (USP). Era maio daquele ano. A pesquisa para formulação do filme foi acompanhando esse processo, que refletia a "tomada de consciência" por vastos segmentos da população negra do Sudeste, de sua origem, sua história e seu lugar na nossa sociedade atual.

Durante a Quinzena, entre outros eventos, ocorreram debates entre cientistas sociais, estudantes, sacerdotes dos cultos afro-brasileiros e o público em geral. Esses debates, fonte do "movimento", traziam influências marcantes do similar americano, filão onde se baseava *Roots* (Raízes) [1977], adaptação da obra literária homônima de Alex Haley, que estava sendo exibido pela primeira vez no Brasil, nas dependências da USP.

A partir dessa influência, o retorno à África como transporte romântico (mas que naquele momento era francamente político) surgia como o primeiro fragmento de ideologia com que o segmento negro da sociedade brasileira inaugurou o processo de consciência da negritude.

Não causa espécie marcar que, no Rio de Janeiro, o Instituto de Pesquisas das Culturas Negras (IPCN), entidade que agregava esses anseios da comunidade negra carioca, realiza um vídeo denominado "O passado africano", cujo objetivo era, além de conhecer fragmentos da história antiga africana, estabelecer processos de autoafirmação da negritude sob o tema da origem e da história.

Logo depois da Quinzena de 1977, Raquel Gerber filmou as primeiras tomadas de *Orí*. Assim, como não poderia ser de outra forma, as sequências iniciais do filme documentam, além do sonho de volta à África, a afirmação e entronização do mito do herói fundador de um território. Este, Zumbi de Palmares. Para além do sonho de volta à África, a afirmação e entronização do mito do herói fundador de um território. Para além dos temas origem e história, acrescentam-se as recriações e desígnios da cultura africana no Brasil, através dos ritos das religiões afro-brasileiras e das forças dos ancestrais e da natureza, conteúdos de um *ethos* negro embrionariamente debatidos ali. Compõem-se também as sequências cinematográficas de outras formas de encontro e afirmação de valores comunitários e coletivos: apoiado na pesquisa, *Orí* documenta cenas do cotidiano, dos bailes, das festas, tentando fixar em imagens os significados simbólicos das linguagens que emergem dos propósitos do Movimento Negro.

3.

O interesse de Raquel Gerber pelo tema, que se deu de forma não proposital, está vinculado a um anterior projeto de pesquisa – na época, em fase de conclusão – e que veio a dar na sua dissertação de mestrado. Tratava-se de um estudo sobre o Cinema Novo, com ênfase na obra do cineasta Glauber Rocha.

Raquel tem sua origem acadêmica na área de sociologia, tendo mestrado em ciências sociais pela USP. Devido à escolha do tema da dissertação, enveredou pelo estudo do cinema. Durante os debates citados, vislumbrou a possibilidade de pôr em prática os nexos teóricos defendidos por Glauber Rocha e de certa forma acatados por ela: debruçar-se sobre um cinema em que os grandes temas nacionais estivessem inscritos. Realizando tomadas filmográficas rotineiras no evento no auditório da USP, as discussões empreendidas pelos líderes e estudiosos do Movimento Negro ali decorridas levantavam sobremodo essas questões, que de culturais poderiam atingir vários anseios da política e da identidade coletiva nacional (Gerber, 1982b).

Portanto, não hesitou em se empenhar na tarefa da pesquisa com que se deparava para a realização de um filme que incorporasse aquelas propostas teóricas cinematográficas.

4.

Maria Beatriz Nascimento era uma das oradoras da Quinzena do Negro. Levava como tema de discussão o Quilombo e sua inserção preconceituosa na historiografia oficial. Àquela época era professora, graduada em história pelo Instituto de Filosofia e Ciências Sociais da Universidade Federal do Rio de Janeiro (IFCS–UFRJ), estagiária em pesquisa histórica no Arquivo Nacional. Nessa experiência defrontou-se com inúmeras referências documentais sobre os Quilombos.

Concluído o curso de graduação, dedicou-se ao levantamento de documentos primários e secundários sobre o tema. Constatou a profunda noção preconceituosa com que a história e os historiadores trataram a questão da raça negra em seus escritos. Atraída em 1974, no início do Movimento Negro no Rio de Janeiro, tomou a tarefa de através da crítica à historiografia propor uma visão mais realista da inserção do negro na própria história. Inicia tal reflexão a partir do estudo do Quilombo, visto como outra variável histórica, ao lado do escravismo na história dos negros no Brasil.

No conjunto dos debates na USP em 1977, autores e debatedores conduziam seu discurso por uma temática comum, enfatizando as formas culturais e históricas que os descendentes de africanos construíram no país, apesar da dominação colonialista. Enquanto alguns pontos suscitaram acirradas polêmicas entre eles e com o público, a crítica à historiografia oficial congregava opiniões.

Mais tarde, as pesquisas de Raquel Gerber e Maria Beatriz Nascimento convergiram naquele ponto. Foi o interesse despertado sobre os estabelecimentos territoriais chamados de Quilombos que provocou outra nuance na ideologia do Movimento Negro.

A consciência negra se confunde, naquele momento, com a própria afirmação do mito do herói Zumbi – na existência moderna dos negros e que o filme procura documentar. Esse personagem da história do Brasil, que viveu e organizou o Quilombo dos Palmares no século XVII, estabelece a ponte entre África e Brasil. Ele mesmo um africano, fundador de um território livre no período colonial.

Na história moderna do Ocidente recria-se politicamente aquele mito iniciador de um processo de civilização. Uma civilização plurirracial ligada às experiências passadas dos povos bantos na África e no Brasil.

Visto esse preâmbulo, as sequências de *Orí* acompanham as etapas de tomada da consciência histórica em que se propagou tal movimento social conhecido como Movimento Negro de 1977.

CULTURAS EM DIÁLOGO

O término do velho colonialismo mercantil, que mesmo coadjuvando com o capitalismo moderno prolongou-se até a década de 1970 (com as independências perante o Império Ultramarino Português em África), trouxe a inevitável reformulação das fronteiras nacionais no mundo. Interessante e provocante foi que a Europa iniciou a queda dos novos impérios, começando a desagregar-se ou unificar-se no último estertor das décadas de 1980 e 1990 (o fim do Império Soviético). Provocou, por isso mesmo, uma reflexão otimista quanto ao futuro das culturas e dos povos do Terceiro Mundo, tanto o periférico quanto aquele do dito Primeiro Mundo, ou seja, a queda das fronteiras geopolíticas impostas por aquele colonialismo, assim como a prospectiva de que o planeta possa, através do homem, ter seu aperfeiçoamento político, físico, existencial e imaginário.

■ Texto escrito por encomenda para o evento Culturas em Diálogo – Mostra de Vídeo, Lisboa 94 – Capital Cultural da Europa. A autora assinou e datou o texto datilografado (março de 1994), mas não foram encontrados registros de que tenha ido e apresentado o trabalho. Cabe ressaltar que correlaciona ideias da pesquisadora com temas tratados em *Orí*, mediados por imagens: a exemplo do *continuum* histórico entre povos e a conexão triangular entre Europa, América e África. "Tese", aqui, tem um sentido direto de "tese de mestrado" (dissertação), como se dizia à época e de proposição intelectual. *Orí* é um filme que contém uma tese e a tese de Beatriz (ou partes dela) está expressa no filme. [N. O.]

Nessa prospectiva, o diálogo, mesmo convivendo com as guerras, poderá excluir a dor de tantos anos de dominação de um território sobre outros.

TRANSATLANTICIDADE

Conceito cunhado na elaboração do filme *Orí* (1989) de Raquel Gerber, divulgando a tese de Beatriz Nascimento de que com todo descontínuo há um contínuo histórico memorável na história entre povos dominadores e subordinados, que eleva sempre a dignidade e a singularidade humanas e vê ecologicamente o mar Atlântico como um vetor, um meio (mídia) entre os povos de Europa, de África e de América.

Somente ele como território livre e físico tornou possível os encontros e os desencontros de culturas tão díspares; de genocídios como também de transformações genéticas. Transportou e alimentou povos daqui para lá e de lá para cá. Mesmo após novos meios de transportes e de comunicação, talvez por isso mesmo ele, de elemento desagregador, tornou os homens gregários, impondo sua música e seu poder de comunicação virtual. Seu sentido oceânico (infinito, sem limites) fez desses povos culturas diferenciadas e, até certo ponto, harmônicas.

O Atlântico, considerado pelos povos afro-brasileiros como deusa-mãe (Yemanjá–Oxum alimenta a existencialidade brasileira); é a ele, interventor de nossa felicidade, que nós nos rendemos. Pode ele através de seu espelho curar-nos feridas tão profundas e abertas ao longo de toda esta história.

VÍDEO COMO INSTRUMENTO DE SOLIDARIEDADE ENTRE OS POVOS

Na teoria crítica, Walter Benjamin diz que das técnicas de reprodução pode-se inferir uma visão atual fenomenologicamente nova. Para ele, a fotografia libertou o olho da mão; com ela, pela primeira vez, no que concerne à reprodução das imagens, a mão foi isentada das tarefas artísticas essenciais. A fotografia permite aproximar a obra do espectador; a multiplicação de exemplares substitui um acontecimento único por um fenômeno de massa.

O cinema seria o acirramento desse fenômeno através do filme, considerado o agente mais eficaz da transformação que, em última instância, levaria a um abalo da tradição. A significação social do cinema passa pela liquidação do elemento tradicional na herança cultural.

O cinema enriqueceu nossa atenção. Até o final do século XIX, não se prestava atenção a um lapso que escapava a uma conversação normal. Freud trouxe essa noção em *[Sobre a] psicopatologia da vida cotidiana* [1901]. Ampliando o mundo dos objetos, na ordem visual assim como na ordem auditiva, o cinema teve por consequência um aprofundamento da percepção. As descobertas provocadas pelo cinema falado enriqueceram as qualidades de expressão e levaram o poder a reforçar seu controle sobre o cinema e a servir-se dele como instrumento privilegiado.

A TV não absorveu o cinema, mas foi obrigada a sujeitar-se à fórmula do filme. Segundo Félix Guattari, em *O divã do pobre* [1980], nas piores condições comerciais ainda se podem produzir bons filmes que modifiquem as combinações de desejo, que destruam estereótipos, que nos abram o futuro.

O cinema, a TV e o vídeo podem mexer com o imaginário social, podem servir para reforçar imagens, assim como para mudanças, sendo entrevista uma teoria da comunicação coletiva. O vídeo seria um elemento manipulador de opiniões, capaz de trazer modificações não só no comportamento, mas em atuações coletivas que levam à ação e transformam em mudança. Os acontecimentos como a Guerra do Golfo, o impeachment do presidente anterior do Brasil, o espancamento do afro-americano Rodney King e os posteriores distúrbios em Los Angeles são exemplos que provam como esses vetores audiovisuais podem configurar atuação de solidariedade entre os povos.

POR UM TERRITÓRIO (NOVO) EXISTENCIAL E FÍSICO

Milagre do anoitecer
Escuro e invisível
Tornado mito, sem glória
Morcegos não fazem história
BEATRIZ NASCIMENTO, "Perigo negro", 1988

Ao entrar em contato mais recente com o curso, experimentei um retorno a solo conhecido, um território ultra-passado. Isso não quer dizer que esse território tenha deixado de existir, tenha-se deixado ficar para trás. Na verdade, é um movimento contínuo, reduzido ainda a um estágio de minoridade, com tudo o que esse termo possa definir: o menor, o inferior, inicial, impotente, infantil. Esse território na verdade é um caminho percorrido e a percorrer.

A leitura, a análise e a resenha dos autores, notadamente de Gilles Deleuze e Félix Guattari ([1975] 1977) em *Kafka: por uma literatura menor*, me remeteram a um determinado momento desse caminho. No início da década de 1980, comecei

■ Original datilografado e datado de 10 ago. 1992. Artigo escrito para o curso "Espaço-tempo urbano: cidade, território e conduta", ministrado pela antropóloga Janice Caiafa na Escola de Comunicação da Universidade Federal do Rio de Janeiro (ECO-UFRJ). Cabe ressaltar as correlações que a autora faz entre raça, gênero, sexualidade e espaço, particularmente quando trata de pessoas negras, mulheres e homossexuais [N. O.]

a detectar algo depois atualizado por esse pequeno poema da epígrafe. Seria a "revanche vampírica"?[10] Em 1988, três meses após o centenário da abolição da escravatura no Brasil, vislumbrei que para existirmos neste mundo adverso teríamos que buscar uma vida mais volátil, leves e misteriosos como alguns animais. Se tivermos realmente que influenciar as mudanças que se processam na trajetória da humanidade, não deveríamos ter de colocar nessa "violência" como uma reprodução, filha do ressentimento, do recalque, da vingança sem objetivo. Seria melhor que naquele e neste momento fôssemos misteriosos, soturnos, noturnos, que exercêssemos aquele fascínio de sinistro próprio dos vampiros. Como eles, extraímos a seiva da potência da vida não com o confronto e sim desviando-nos dos obstáculos terríveis impostos pela face perversa do regime opressivo do capital. Foi como se chegasse a esta constatação: para que nos serve história? Não preciso dela, enquanto não possuo poder. Ela serve àqueles que detêm e se registram através do tempo enquanto poder. Neste país minha vida não é poder, mas tem outras expressões tão ou mais importantes que isso. Por que um *rock* não poderia ser uma contaminação à estrutura do poder? Por que não somente o fato de existir essa vivência e fazê-la mais bela, mais feliz? A história é como o campo, o território dos vencedores. Não adiantaria contrapô-la a uma história de vencidos. Ainda não fomos vencidos. Os assim chamados são indivíduos de muitas histórias, pequenas, mas fartas e fascinantes histórias.

Entretanto delegamos *ao outro* o poder de dizer de nossas interessantes passagens. Estamos sempre lamentando o estar submetido *ao outro*. Será que sempre? Será que não tem uma

10 Janice [Caiafa] em anotações de aula. [N. A.]

história de vírus, de pássaros, de morcegos, de insetos e nós só estamos ritualizando sem perceber sua força (nossa própria força)? Será que essas histórias não precisam somente ser ativadas? Quem era Zaratustra, Zumbi, senão o mesmo *Homo sapiens*, senão nós mesmos primordialmente. Por exemplo, um dos nomes usados por Zumbi e pronunciado por seus adeptos em Palmares era em língua original africana, Sueka, queria dizer invisível, misterioso, que assim se torna quando assume a guerra. Creio que até agora nós não estamos compreendendo e exercitando nossa alteridade. Pior: não a respeitamos. Fazemos constantemente um jogo de duplo em nossos enunciados: somos negros/eles são brancos (vice-versa)... somos pobres/eles são ricos (vice-versa)... somos feios/eles são belos (vice-versa)... somos maus/eles são bons (vice-versa)... numa sequência interminável. Isso não deixa de ser uma sabotagem à nossa realidade, tornando-a repetitiva e por isso mesmo insustentável, insuportável. No capítulo "O homem e seus duplos" do livro *As palavras e as coisas*, Michel Foucault ([1966] 1981), referindo-se ao desaparecimento do discurso, diz a certa altura: "que é a linguagem, como contorná-la para fazê-la aparecer em si mesma e em sua plenitude?" (p. 422). Essa leitura levou-me a ilustrar no presente texto aquele poema. Procurarei desdobrar esses pensamentos.

INTRODUÇÃO COMO JUSTIFICATIVA

As dificuldades que experimento ao realizar (escrever) este trabalho final de curso provêm de uma pequena série de obstáculos oriundos do exterior e outros impostos particularmente em mim mesma. São eles:

1. O retorno, após dez anos, à universidade e ao ritual acadêmico. Devido a uma atitude crítica, também tinha abandonado o discurso e a literatura específica. Enveredei por esses anos pelo cinema, pela literatura e pelo exercício da poesia, da prosa e do ensaio. A tal ponto levei tal projeto que produzi cerca de mil poemas e outros tantos aforismos inéditos. Pequena parte desse material compôs a realização do filme *Orí*, de Raquel Gerber. Trata-se de um filme fundamentado em minha trajetória de vida, enquanto mulher, negra e especializada em história do Brasil, assim como em minha inserção no movimento político de afirmação da negritude. Essa obra recebeu vários prêmios em mostras internacionais, sendo o mais recente o 33º Golden Gate Award, em São Francisco, Estados Unidos. Encontra-se distribuído no Brasil em vídeo.

   Ao dedicar-me novamente à área acadêmica, sinto-me aprisionada pela forma literária necessária a essa ritualização do conhecimento. Significa dar uma enorme volta à expressão, provocando-me uma rejeição física ao material escrito.

2. A origem dessa rejeição também repousa numa negação ao pensamento racionalista ocidental, que por tanto tempo fez parte da minha formação pessoal. De tanto pesquisar e até como expressão de um ativismo de vinte anos, houve uma recusa radical a tudo que possa me parecer europeu (erudito), acompanhado de um desejo de romper um pensamento estritamente científico. Isso me coloca numa situação ambivalente: mesmo que me fascine por ele, até por ser aculturada (não posso fugir) por esse pensamento, rejeito-o como sendo um princípio de colonização. Há uma frase de uma autora que me influencia muito e que expressa: "Minha liberdade é escrever" (Lispector, [1964] 1976, p. 20).

3. Os conceitos da linguística, muito bem trabalhados no curso, são inesperadamente novos neste contexto atual. Como sempre fui repositória da Grande História dos séculos XVIII e XIX, requereria uma familiaridade maior no ato de escrever com perfeição. Isso me traz uma timidez paralisante.
4. O compromisso de tempo de entrega do texto e a exigência do ótimo às vezes impedem a fruição do diálogo entre o papel e a pena e/ou o mestre. Entendo, entretanto, o quanto me forçar uma disciplina para a realização é necessário. Por isso aceito o desafio e espero levar a termo o texto como uma "língua" menor, escusando-me de qualquer prurido de pretensão que essas palavras possam conter.

Neste ponto gostaria de voltar a Foucault ([1966] 1981) ao engendrar a resposta àquela pergunta já citada na origem do texto sobre a questão da linguagem: "Em certo sentido, toma essa questão o lugar da que no século XIX dizia respeito à vida e ao trabalho. Mas o estatuto dessa busca e de todas as questões que a diversificavam não é perfeitamente claro" (p. 399). Decifro essa frase enigmática do autor com algo que venho pensando: a linguagem como o instrumento mais tecnologicamente avançado que o ser humano poderia possuir para o empreendimento do seu bem-estar – a chave mesma da felicidade. Continua Foucault: "Será que nela se pressente o nascimento, menos ainda o primeiro clarão de um dia que mal se anuncia, mas onde adivinhamos já que o pensamento – esse pensamento que fala há milênios sem saber o que é falar nem mesmo que fala – vai recompor-se por inteiro e iluminar-se de novo no fulgor do ser? Não é isso que Nietzsche preparava quando no interior da sua linguagem matava o homem e Deus ao mesmo tempo e assim prometia juntamente com o retorno, o múltiplo e renovado cintilar dos deuses?" ([1966] 1981, p. 399). Assim, pensa-se, a meu ver, o melhor do que se pensou no Ocidente. Não gostaria de discuti-lo, pois não se trata de apor uma oposição; ao contrário, seria aproximar uma máquina-de-pensamento negra, portanto minoritária, não sei se será possível aqui, mas, por exemplo, gostaria de contribuir com uma visão de minoria um pouco diferente de Félix Guattari. Adiante me deterei sobre isso. Antes queria dizer que estou falando de um lugar do meu eu neste exterior que é minha etnia.

O TEXTO

Embora não quisesse falar de história, recorro a um fato que nos dias de hoje completa exatamente 24 anos. Naquele ano, além de Maio de 68, junho foi o momento aqui no Rio das grandes passeatas do movimento estudantil. Aconteciam também os levantes antirracistas nos Estados Unidos da América, além da Guerra do Vietnã. Em outubro ocorria um fato captado pela imprensa mundial. O atleta Tommie [Smith], medalha de ouro (americano e preto), e seu companheiro de equipe [John Carlos], ganhador da medalha de bronze em atletismo na prova de 200 metros, ao subirem ao pódio, ergueram o punho esquerdo, no gesto simbólico dos Panteras Negras. Com essa atitude recusaram-se a receber o troféu como negação da nacionalidade norte-americana. Talvez tenha sido a imagem visual mais profundamente contundente que já vi. Estava numa estrada com a capa da magazine *Fatos & Fotos* em minhas mãos.

Nesse momento abandonei qualquer projeto burguês como se saísse por uma *exit* [saída] imaginária da fila da Passeata dos Cem Mil. Nesse momento eu tive consciência de minha cor preta e do quanto eu poderia começar "de novo". Comecei então um ativismo político. A militância do movimento negro. Na verdade, as primeiras movimentações para uma mudança social, que estava se concretizando não mais no *Imaginário* e sim no *Real* em todos os continentes do Planeta. Houve outros instantes e um deles se passa no filme *Um grito de liberdade* [*Cry Freedom*, 1987], sobre a história da militância do líder sul-africano Steve Biko. Nessa cena Biko está numa estrada, para ir à Joanesburgo; estava proibido de sair do confinamento no seu território étnico de origem (pena imposta aos líderes e intelectuais da luta antiapartheid): as luzes dos carros dos policiais que iam prendê-lo focam seu rosto escuro, ninguém poderia reconhecê-lo, era mais um negro. Os policiais interpelam-no: "Qual o seu nome?". E Biko responde: *I am Bantu Steve Biko* [Eu sou Bantu Steve Biko], lenta, firme e serenamente. Ele tinha decretado sua morte com uma dignidade extrema.

Esses fatos são imagens que parecem encaixar com os conceitos de territorialização/desterritorialização e seus desdobramentos, em se tratando de minoria negra e seu processo de mudança coletiva. Entretanto ressalvaria que essa mudança coletiva é inaugurada e detonada pelo indivíduo como ponta de uma tecnologia exercida pela mente e pelo pensamento humanos. É o fator fora de cena (de Walter Benjamin) com um relativo conhecimento do texto-roteiro. Me seduz e me parece uma límpida explicação o que demonstram Félix Guattari e Gilles Deleuze a respeito da segunda característica da literatura menor: nas literaturas menores tudo é político; seu espaço é político ([1975] 1977, p. 26). É sobre essa potencialidade de individuação que procurarei discorrer ao longo do texto.

De certo modo minha reentrada na universidade passa por essa tentativa minoritária, pois se "tudo adquire um valor coletivo", o criar com a palavra, construir palavra, seria uma ação micropolítica, "as condições de uma enunciação individuada não são dadas" ([1975] 1977, p. 26). Sinto-me sempre escrevendo de mim, mas esse "mim" contém muitos outros, então escrevo de um coletivo sobre e para essa coletivização. Disso me vem um grande ardor que às vezes paralisa a produção, sem a interlocução do outro. É um momento de alteridade muito sólida, a solidão do Pantera Negra ou de Biko. É também como aquela inquietação descrita por Félix Guattari e Gilles Deleuze, "falar, e sobretudo escrever, é jejuar" ([1975] 1977, p. 27). Toda a dificuldade desse texto, como do anterior, vem da vontade "onipotente" de desligar-me dos mestres, como se pudesse inventar uma língua dentro desta própria em que escrevo. "Quero é uma verdade inventada" (Lispector, 1973, p. 13). Sinto-me às vezes com uma inquietação que perturbava Kafka em uma de suas cartas a Felice: "No fundo, minha vida consiste e consistiu sempre em tentativas de escrever, e mais frequentemente, em tentativas largadas no meio do caminho" (Kafka, [1967] 1985, p. 38) e complementaria com "a impossibilidade de escrever em alemão; impossibilidade de escrever de outra maneira" (Kafka, [1967] 1985, p. 38). Recordo-me durante o curso, em uma aula sobre a maneira de me exprimir, se seria diferente devido a alguma origem étnica. Essa preocupação se concretiza também no modo de escrever, como escrever de um devir minoritário sobre a própria minoria.[11]

Essa oposição maioria x minoria, criada pelo pensamento dominante na Europa do século XIX, faz parte de um modelo de serialização que vai ao infinito. No entanto, como foi pensada

---

11 Nesse ponto está a conjunção de conceitos advindos do pensamento de Gilles Deleuze e Félix Guattari – territorialização/ desterritorialização, maioria × minoria – que levam Beatriz Nascimento a pensar a literatura negra como literatura menor (minorizada, que se recusa a ser marginal). [N. O.]

pela sociologia do nosso século, ainda dominante na nossa fala, transformou-se como se fossem dois blocos estanques. Fala-se "minoria" como um bloco monolítico; embora tente-se particularizar as diferentes minorias (mulheres, crianças, homossexuais, proletariado e etnias), não se busca olhar mais atentamente para as diferenças no seio da própria minoria particular. Isso fica mais falso quando se vê suas questões do ponto de vista material e econômico. Assim, todos os negros no Brasil estão sendo considerados pobres, carentes, desgraçados, incompetentes e por aí vai... num enunciado de estereótipos sem fim, o que faz remarcar o lugar ou território dominado, subordinado. Por isso acho que o conceito de minoria especificamente merece uma reflexão. Guattari afirma que uma minoria pode se querer *definitivamente* minoritária. Teria minhas dúvidas quanto a essa perspectiva de definir... "A marginalidade chama o recentramento, a recuperação" ([1977] 1981, p. 46). (Aqui ele dá um sentido conservador, de acordo com as características expressas em *"home"* – o retorno à tradição, ao ponto de partida, ao centro, ao controle.)

Exemplifica, a seguir, com os homossexuais norte-americanos: "são minoritários que recusam ser marginalizados" (Guattari, [1977] 1981, p. 46). Esse é um pensamento típico da década de 1970 – a cidadania americana ("norte-americanos" não engloba precisamente todos os homossexuais nascidos ou de cidadania americana). América é um nome (um enunciado) do espaço geográfico em que essas pessoas exercitam sua conduta enquanto homossexuais; seria o espaço físico do indivíduo: sua sexualidade. Há na América homossexuais – hispânicos, brancos, negros, nas variadas variações de muitos mais outros, de outras etnias ou nacionalidades. Diferenças múltiplas podem acontecer no seio de uma minoria, de modo que seu espaço é muito maior do que se pode imaginar. Seria necessária uma extensa cartografia para se compreender os indivíduos dentro desses grandes blocos chamado minorias – mulheres negras, por exemplo, homossexuais negros e uma grande série de diferenças. Félix Guattari, numa passagem em outro livro, reitera o que foi afirmado acima: "As minorias são outra coisa, no sentido de que você pode estar numa minoria *querendo* estar numa minoria. Há, por exemplo, minorias sexuais que reivindicam a não participação no modo de valores de expressão da maioria" (Guattari & Rolnik, 1986, p. 122). A *diferença* fundamental que percebo parte da origem minoritária. A sexualidade e, até certo ponto, a origem predominante étnica têm uma característica comum: as duas são biológicas. Entretanto a etnia possui um território onde se encontram, por exemplo, crianças, mulheres etc. O caso dos meninos de rua nas grandes cidades. Eles são na sua maioria pretos.

Continua Guattari: "Podemos imaginar uma minoria que seja tratada como marginal ou um grupo marginal que queira ter a consistência subjetiva e o reconhecimento de uma minoria, por exemplo. E aí teremos um conjunto dialético entre minoria e marginalidade" (Guattari & Rolnik, 1986, p. 122). Não compreendo essa expressão *conjunto dialético*. Em todo o caso, imagino que "marginal" seja uma caracterização circunstancial, enquanto "minoritário" seria permanente. Entretanto a "consistência das subjetividades" no interior de uma minoria étnica muda de lugar tanto quanto no marginal. A transitoriedade é uma constante (relação espaço/tempo) produzindo sempre desterritorialização, pois há uma singularidade intraminoria. Discordando de que exista esse *desejo definitivo* de *ser* minoritário. Enquanto os homossexuais norte-americanos se recusam a ser marginalizados, no seio da minoria outros são maioria, ou melhor dizendo, estão *no lugar da maioria*. Essa interação, que se dá em fluxos do tempo cronológico, funciona como uma frequência, e não como *um conjunto dialético*. A minoria não é harmônica, está em constante deslocamento também para a maioria. Ser maioria também é um devir para alguns entre os minoritários, o que seria uma desterritorialização vindo de impulsos do próprio descontentamento do estar fora do poder, excluído, empobrecido, discriminado.

Um dos movimentos negros da década de 1970 exercitou esse tipo de agenciamento à exaustão, cunhado no conceito de identidade cultural e racial negras. Lévi-Strauss ([1952] 1975) em conferência na Unesco prenunciava que o conceito de identidade cultural poderia ser um novo racismo, se não houvesse cautela quanto a isso. De uma visão da dialética marxista, acreditamos por alguns anos que a consciência contribuiria para a libertação, que isso passava por uma nova conduta diante dos brancos:

> *A identidade cultural constitui, a meu ver, um nível de subjetividade: o nível de territorialização subjetiva.* Ela é um meio de autoidentificação num determinado grupo que conjuga seus modos de subjetivação nas relações de segmentaridade social. [...] A noção de "identidade cultural" tem um coeficiente de desterritorialização. Neste caso, implicações políticas e micropolíticas desastrosas, pois o que lhe escapa é justamente toda a riqueza da produção semiótica de uma etnia, de um grupo social ou de uma sociedade. (Guattari & Rolnik, 1986, p. 73)

A identidade cultural negra negaria as singularidades, os processos de singularização ou não. Imporia uma ditadura dos comportamentos e condutas, cobraria modelizações, às vezes impossíveis de atingir em se tratando de indivíduos diferenciados e dessemelhantes. Impediria, portanto, aquilo que Guattari (Guattari & Rolnik, 1986), citando Rimbaud em *Iluminações*, conceitua como o devir negro.

Haveria uma natureza negra? Uma natureza racial? Há uma natureza que possa aderir à cor da pele, como se adere a uma ideia, um partido político, um sindicato, ou qualquer aparelho de Estado? Haveria espaço hoje para tamanha aberração, para tal represamento de fluxos?... Pensar como tal seria negar o princípio antropológico das trocas culturais. Isso remete-me a um trabalho de Neuza Santos Souza (1983), publicado em livro com o título *Tornar-se negro*. É um estudo de psiquiatria cuja tese central aponta para a ascensão social dos negros, e o chamado embranquecimento, a perda de uma raiz negra, seria resultado de um *ideal do ego branco*.[12] Naqueles anos (1980–84), havia um pensamento nas diversas disciplinas humanas, uma rejeição a pensar qualquer potencialidade de mudança social que partisse de uma análise do indivíduo. Privilegiava-se o papel das massas colonizadas ou despossuídas de bem-estar como única e possível máquina-de-mudança, por estas se constituírem no social. Referendava-se teoricamente esse pensamento numa linha confessional marxista e não marxiana. Havia um consenso onde o inconsciente só se retratava pela arte; fora disso ele era o terreno dos "fantasmas", onde repousavam as fantasias humanas, só possível de ser contatado como espaço da patologia. Preconizava-se um ideal de ego deslocado porque

---

12 "Ideal do ego: Expressão utilizada por Freud no quadro de sua segunda teoria do aparelho psíquico. Instância da personalidade resultante da convergência do narcisismo (idealização do ego) e das identificações com os pais, com seus substitutos e com os ideais coletivos. Enquanto instância diferenciada, o ideal do ego constitui um modelo ao que o indivíduo procura conformar-se" (Laplanche & Pontalis, [1967] 1970, p. 298). [N. A.]

se trabalhava com a ideologia da falta, e não com o mapeamento do desejo. Georg Groddeck diz: "Sustento que o homem é animado pelo desconhecido, uma força maravilhosa que ao mesmo tempo dirige o que ele faz e o que lhe acontece. A proposição 'eu vivo' só condicionalmente é correta, exprime apenas uma parte estreita e superficial do princípio fundamental: 'O homem é vivido pelo id'" (Groddeck, [1923] 1984 apud Laplanche & Pontalis, [1967] 1970, p. 221). Portanto, exterior/interior, minoria/maioria, branco/preto, nada mais são do que contatos do inconsciente com o campo espaço/tempo que ele mesmo cria. Nesse campo estão as várias modalidades de linguagem, inclusive o olhar do outro sobre seu corpo.

Então esse suposto ideal do ego branco nada mais é do que uma transferência que se passa – pelo afeto, pelo desejo – entre dois ou mais indivíduos. O embranquecimento não passava de uma ideologia capturada pelo aparelho de Estado, por instituições e faixas de indivíduos comprometidos com a relação do domínio. O ego não aceita limites. O ego não pode desejar qualquer coisa, ser qualquer coisa? O que há de patológico em desejar ser preto, branco, amarelo, homem, mulher, criança, homossexual, assexuado...?

Nos meados da década de 1980, fomos surpreendidos com um fato *sui generis*, caindo como um bólido sobre nossas consciências de identificação negra: Michael Jackson passou a ostentar pele clara e fenótipo "branco". Que fenômeno era esse para os negros que queriam marcar sua identidade tornando-se mais e mais negros? O mais bem-sucedido entre todos "tornava-se branco". Michael Jackson passava seu talento, invenção, alegria e explosão sem se aprisionar a sua genealogia (Nietzsche, [1887] 1976). Será que aí não há também um *devir negro* a se explorar? Tanto faz. Na letra de sua composição

"Black or White", Jackson diz: *I'm not going to spend my life being a color* [Eu não vou passar minha vida sendo uma cor].

Aquele pensamento apontava para uma "saída" social, como se todos estivessem presos aos seus arcaísmos, padronizados e dogmatizados por uma só forma de conduta – a conduta negra. Aceitá-la ou não incorria logo em perda ou ganho de estatuto afetivo, social e mesmo humano. Decretava-se assim um território único para o indivíduo, fechado e controlado pela inversão da marca racial, no seio da própria minoria. Um conservadorismo tal requer uma desterritorialização/reterritorialização para que não haja uma *hegemonia-minoritária*, onde haveria um eterno opressor e uma eterna vítima no interior dessa relação.

Para ilustrar um *devir-minoritário*, no meu entender, me ocorre um audiovisual dirigido por Dilma Lóes (1988), chamado *Quando o crioulo dança*. Entre outros depoentes, que descreviam experiências vividas de um ponto de denúncia e sofrimento, um militante comentou: "Passei a me amar quando fiquei adulto". Conhecendo tal informante e sua trajetória de vida, pela primeira vez vislumbrei a resolução do racismo num outro indivíduo. O ativismo político dessa pessoa o tinha levado a se gostar de si próprio e a efetivamente romper com a imagem exterior. Enunciando *love me*, amo-me, molecularmente, não estou mais dividido entre o desejo do outro e o meu. Aqui gostaria de abrir um parêntese para o significado de máquina-de-guerra micropolítica. Os racistas não pensariam jamais que oculto no interior do "negro" há afeto, embora o mundo externo seja adverso, sofredor...

O impacto dessa afirmação se deu de um modo muito veloz: imagem, som e cor estabeleciam com a fala uma enunciação coletiva e instituinte. Como indivíduos singularizados, pode-se perceber aí a distinção entre falta e carência como sendo o que causa o racismo: um verdadeiro mal-estar que se introjeta no indivíduo a partir da discriminação: a *cumplicidade* ante o que *oprime* na relação opressor/oprimido. A autonomia do desejo aponta para o devir negro, que não se restringe a "todos esses sistemas de punição que fazem com que só sejam selecionadas atitudes e atividades rentáveis para certo sistema de hierarquia social [...] É essa maneira de captar os processos de singularização e enquadrá-los imediatamente em referências – afetivas, teóricas por parte dos especialistas, referências de equipamentos coletivos segregadores" (Guattari & Rolnik, 1986, p. 78).

Recentemente em conversa formal sobre políticas populacionais em instituições não governamentais, dizia-me uma ex-aluna negra:

> Nosso desempenho frente às instituições não é reforçar marcas ou modelos discriminatórios e, sim, nos tornarmos mais humanos. Recobrar a humanidade perdida pelos anos de colonização e discriminação. Os postulados das políticas teóricas e sociais. Isso é um simulacro delimitado pelo próprio poder pequeno-burguês. Quero ser qualquer coisa que seja mais humano.

Essa postulação na fala de uma mulher negra pode ser traduzida no poema abaixo de Éle Semog, editor do jornal *Maioria Falante*, datado de junho de 1992, cujo título é "Não basta ser negro":

> Hoje o meu filho sonhou
> Que o Planeta Terra
> Quis entrar por nossa janela
> Eu o beijei e disse:
> Bom dia Filhinho
> O lobo mau não vai nos pegar
> Não basta ser negro...

Eu quero o racista empalado
E seus filósofos acossados
No fim do nada
Depois eu poderia ser o ser feliz
Mas hoje eu sou negro
Não sou uma utopia.

Esse devir-utópico pode estar na produção de "subjetividades" territorializadas no *eu*, no corpo físico, "livres da ética de produção e da acumulação que secciona o homem, segundo a ordem do sistema do capital". Estaríamos falando de um outro sistema de construção vindo de um território de origem africana, não mais de um lugar do passado, mas moderno – não mais o escravo, mas o aquilombado, num novo esforço de guerra e de estruturação. É em Muniz Sodré (1988) que se encontra um desenho de devir: "A *Arkhé* negra não resulta em nenhum 'biologismo telúrico' porque se insere na história da quotidianidade do descendente do africano nas Américas com um 'contralugar' [...] concreto de elaboração de identidade grupal e de penetração em espaços intersticiais o bloco dirigente" (Sodré, 1988, p. 103). A negritude, portanto, não é hegemônica nem no espaço, nem no tempo. Também não é no *ser*, nem na palavra – negro, sua realização se dá em variados níveis dinâmicos. Em se tratando de *negros brasileiros*, há também um devir branco e um devir ameríndio, passando pelos vários cruzamentos étnicos numa serialização infinita...

O princípio da força vital, assim como o *axé*, possui os mesmos significados que o id. Força vital é o princípio filosófico banto contido no radical *ntu*. O *ntu* refere-se ao indivíduo em si e o *muntu*, ao outro ou a outros indivíduos. "O muntu, assim como o axé, existe nos animais, minerais, plantas, seres humanos (vivos e mortos), mas não como algo imanente: é preciso o contato de dois seres para sua formação" (Sodré, 1983, p. 129). Portanto o *ntu* só se completa e adquire força pelo reconhecimento do outro. Para os Banto, a unidade não existe, porque ela autorreconhece pela presença de outro *ntu*. Como um espelho, não é o princípio de igualdade, mas autor-reconhecimento pelo que é de alguma forma similar, ou que possui alguma similitude. Prossegue Muniz: "E, sendo força, mantém-se, cresce, diminui, transmite-se em função da relação (ontológica) de indivíduo com os princípios cósmicos (orixás), com os irmãos de linhagem, com os ancestrais, com os descendentes" (Sodré, 1988, pp. 129-30). Quando, ainda hoje em algumas etnias africanas, o indivíduo se enfraquece, morrer significa perda da força vital, e não resultado de enfermidade. *Todo o grupo* dedica cuidados para que ele não se enfraqueça e morra. Aí repousa o princípio da cumplicidade. Se o indivíduo efetivamente morre, seus dias finalizam em contato com a *Terra*, para que se restitua e constitua a *vida*, para que não haja paralisação da força vital. Muniz Sodré, em outra passagem, afirma: "os bantus dizem que o muntu tem 'a força de conhecer'" (1983, p. 130). A força vital é a da genética humana engendrada na arquitetura física do indivíduo, é um conceito filosófico bem ao estilo das ciências africanas. Assim também se compreende o princípio dinâmico de *axé*. O que é estrutura, de onde tudo parte e re-torna. A residência de todo o *conhecimento*.

A *força vital* também pode ser entendida como *vigor*. O que no Ocidente corresponde à saúde física. No meu entender, o princípio ecosófico (Guattari) teria um bom argumento com um estudo mais profundo das diversas substâncias que se inter-relacionam numa cadeia de forças humanísticas.

O AXÉ[13]

Essa força vital ou *axé* é contida e transmitida através de certos elementos materiais, de certas substâncias. [...] Os elementos portadores de *axé* podem ser agrupados em três categorias:

1. "sangue vermelho"
2. "sangue branco"
3. "sangue preto"

— O sangue vermelho compreende: a) o do reino animal: corrimento menstrual, sangue humano ou animal; b) sangue vermelho do reino vegetal: azeite de dendê, pó do tronco da árvore, mel, sangue das flores.

— O sangue branco compreende: a) do reino animal: o sêmen, a saliva, o hálito, as secreções, o plasma (do caracol); b) do reino vegetal: a seiva, o sumo, o álcool, bebidas brancas, principalmente das palmeiras, pó esbranquiçado de alguns vegetais, o *orí*, manteiga vegetal; c) do reino mineral: sais, giz, prata, chumbo.

— O sangue preto compreende: a) o do reino animal: cinzas de animais; b) o do reino vegetal: o sumo escuro de certos vegetais; o *ilú*, o índigo, extrato de certos tipos de árvore; c) o do reino mineral: carvão, ferro etc. (Santos, 1986, pp. 40-50)

---

13 A autora preenche esta seção do texto com uma citação (modificada e sem comentário) da antropóloga Juana Elbein dos Santos, que traz detalhes sobre o *axé*, força vital no mundo Yorubá. No entanto, pode-se observar que a reflexão está presente também na seção anterior, tomando como base o pensamento de Muniz Sodré, e igualmente na narração do filme *Orí*. [N. O.]

A PALAVRA E O EU

Testo e atesto no curso um cenário onde as palavras faladas e ouvidas, mais do que gestos, emitem aquela *vontade de potência* dirigida ainda para uma mudança histórica utópica-revolucionária. A leitura de G. Deleuze e F. Guattari complexifica e flexiona a força energética da palavra, como síndrome da mudança em frequência acelerada de trans-formação/ação. Os sentidos conceituais de transição, transitoriedade, de um ponto a outro, rompendo-se por linhas de fuga, implodem outros espaços, espaços mesmo das palavras, seus sons e ressonâncias no *ser*.

Familiar para quem se reconhece na obra de Nietzsche, como Deleuze, minha ideia é de que o pensamento pode simplesmente exteriorizar-se e exteriorizar para que o ato de filosofar seja ininterrupto, independente de onde se institua o *saber filosófico*. A filosofia deixará de ser a única arma de crítica, ao "voltar-se contra o que ela representa", e se encontrará

■ Texto inédito, em duas versões datilografadas. Escrito para o curso "Espaço-tempo urbano: cidade, território e conduta", ministrado por Janice Caiafa na Escola de Comunicação da Universidade Federal do Rio de Janeiro (ECO-UFRJ), o texto contém observações manuscritas da autora e da professora. Ao fim, a autora lista uma significativa bibliografia que indica as leituras que estava fazendo, produzindo interpretações próprias e que situam as questões da diferença (étnica, racial e sexual): Lévi-Strauss, [1962] 1989; Deleuze & Guattari, 1972 e 1980; Virilio, 1977; e Caiafa, 1991. [N. O.]

com outras expressões, por sua vez também armas de crítica. Inclusive o corpo-físico-existencial do indivíduo humano.

Os conceitos, do ponto de vista deleuziano, são autônomos em um modo de pensá-los. São fluxos de signos e sons reconhecíveis ao serem espelhados no real. É uma forte emoção de felicidade que os homens tenham chegado ao século XXI, a este estágio de "progresso". Não há mais vez para o recuo conservador. Não há mais espaço no planeta para os reacionarismos, embora ainda estejam aí estertores fascistas – puro gorgulho. A máquina das palavras transformadoras monitora as paixões e as ações, dentro e fora das institucionalizações: agenciamentos, territorialidades, desterritorialidades, subjetivações são instrumentos fora da ordem das determinações. O quê e o porquê, as soluções, enfim, são da ordem das resistências e das constatações (plano secundário), e não dos avanços, do "novo". Os quereres, o desejo, estão no *como* e *onde* agir. Nos agenciamentos de conduta. (Aí está o espaço/tempo contido na palavra.)

Sem dúvida, estou falando de *otimismo*, do ótimo que seja um habitar "platô", uma "zona de variação contínua", ponto de onde se "'sobrevoa e se vigia uma região". E essa região é este tempo, minha etnia, o mundo histórico e o planeta. Aqui "a palavra é o revólver" para a transformação contínua da história. Não mais para o *self* a palavra de ordem, mesmo um *break*, nem, ainda, a palavra poética. No entanto caminhamos para esta em aceleração a ponto de ser simplesmente criada e expressa ("imexível"). Mesmo sem ouvintes visíveis. O próprio som carregado de polifonia, como folhas ao vento reverberando interlocutores.

O mais alto nível: conceitos de sociologias passadas nada mais do que a produção palavra/ação. Atingimos processos-altíssimos--níveis nas décadas de 1960/1980. No Brasil, em 1984, irrompeu em grande velocidade e pouco tempo a senha "Diretas-Já".

A senha mediatizou anseios coletivos. Convencia-se e convencia-nos das eleições democráticas. Era a palavra imperativa – "Diretas-Já!" –, instantâneo de desejos sociais. Houve ali uma territorialização de projetos da elite e desterritorialização de agenciamentos minoritários: negro, mulher, indígena, homossexual, adolescente e criança. Embora tenha fornecido a maior máquina de desejo de libertação, obrigou-se a mascarar as diferenças num deter-se tradicional. Passou-se ao Estado, aos partidos políticos, aos sindicatos, enfim, aos sistemas institucionais tradicionais toda a máquina-de-guerra para a transformação da formação social brasileira, profundamente autoritária.

Felizmente palavras de ordem como "o povo unido jamais será vencido", "a luta continua", redundâncias exaustivamente repetidas, esgotaram sua força, se é que tinham alguma, a não ser de formar novos rebanhos. Atualmente não tem nem eficácia para reivindicar-se uma passarela sobre a avenida Brasil, na Baixada Fluminense, *só uma linha ou um Comando Vermelho*.

Para sair do estágio da palavra de ordem para a *mot de passe* [senha de acesso], será preciso despertar em nós *aquele animal primitivo*. Acender uma luz no interior, readquirir ou renovar o pensamento selvagem. *Reflorestar a mente*. A mente e o corpo--físico. As culturas minoritárias como a negra e a indígena têm repositórios emblemáticos capazes de empreender esse furo na nossa sociedade. Mas todas essas orações soam como *mot d'ordre* [palavra de ordem]. Ainda não é aí...

Nós pudemos ser adolescentes em 1960. Fomos e somos os últimos adolescentes do planeta; ainda incorporamos Beatles, a inocência a menos de quatro anos da Guerra do Vietnã. Guevara ainda vivo nos Andes bolivianos. Apresentamos naquele momento a velocidade como cometa, viajante de anos-luz. Hoje se resgata JFK [John Fitzgerald Kennedy] e queremos ainda os fluxos de erotização de Marilyn Monroe, para cessar o pesadelo de Los Angeles.

Em 1989, obedecemos a um mito de unidade nacional, obedecemos nas urnas, imposição do poder jurídico penal – voto obrigatório. Hoje as palavras de ordem são liberalismo, privatismo, modernismo. Enquanto a liberdade, a privacidade e a modernidade sofrem refluxos: são as filas nos bancos para os aposentados, o medo e a pena de morte para as filas de meninos negros em "arrastão". Os primeiros legalizados pela ordem do trabalho anterior, os segundos deslegalizados na ordem de trabalho futura.

Os excluídos não estão na ordem do direito, não estão sendo cobertos e contemplados, entretanto têm direitos. A multimídia passa terror e estupefação, a retroviolência (dizia-se "violência institucionalizada"). Nessas últimas décadas os homens descuidaram-se do projeto humanista. As instituições de informação e comunicação não se esforçaram no sentido "maquínico" da incorporação. Presente no *eu*, *self* ou *soul* – físico. Aqui a grande contribuição de Sartre existencialista. Deixaram de produzir energia interior, num esforço de potência atomizada (molecular). O Movimento Negro da década de 1970, por exemplo, é esse esforço em alta rotatividade e polifonia. Movimento do SELF para o exterior – *Let me Be* [Me deixe ser].

O procedimento dos desterritorializados deve ser o agenciamento de conquista de novos territórios – existencial, físico e coletivo; alteridade – sem o sistema. Concluídos esses agenciamentos, não terão onde se fixar: "Se num território, ao fixar-se e permanecer nesse território, corre-se o risco de deixar de ser. De passar do devir ao dever".

LITERATURA E IDENTIDADE

A imagem do negro na literatura brasileira pode ser vista de duas maneiras, ambas muito difíceis de relacionar com a questão da identidade na medida em que há várias acepções e variados fatores que determinam a identidade, seja ela individual ou no plano do conjunto de indivíduos pertencente a uma mesma etnia, família ou nação. Queremos sugerir que a identidade não se faz com um só elemento caracterizador, mas nas inter-relações sociais, onde origem, meio formador, aspirações e frustrações se combinam.

Em relação ao negro e à literatura poderemos usar como escolha dois enunciados para situar um no outro, da forma como, *grosso modo*, interagem.

1.

Com poucas exceções, essa literatura é pensada e escrita por autores brancos que fazem parte do grupo social e econômico dominante. Por intelectuais que repetem e reproduzem seres

■ Ensaio escrito para o II Perfil de Literatura Negra – Mostra Internacional de São Paulo, realizado de 18 a 21 nov. 1987. Por meio de outros documentos do acervo, ficamos sabendo que a autora não compareceu ao evento (Arquivo Nacional, 2018). O texto ficou inédito por quase três décadas (Nascimento, 2015). Cabe ressaltar a proposição de uma "literatura oral". [N. O.]

estereotipados nas suas narrativas, memórias ou ficções. Essa produção se faz transpondo o negro numa narrativa e, principalmente, na memória, assim como a relação dominante entre branco e negro. A ele são dados os papéis mais subalternos, sejam relacionados ainda ao sistema escravista, sejam relacionados ao sistema moderno de alocação de mão de obra. No primeiro caso, são escravos extremamente submissos, como Bertoleza de *O cortiço* de Aluísio Azevedo. No segundo, homens e mulheres de profissão ou vidas marginais de uma realidade regional. Há ainda um outro exemplo muito comum, negros sempre ambíguos entre o racismo e o processo de ascensão social (em Josué Montello, *Tambores de São Luís*).

O importante é verificar que o negro não fala nessa literatura de seus anseios mais íntimos enquanto homem, da sua visão de mundo verdadeira, das diversas gamas de sua psicologia, enquanto um discriminado ou despossuído. Nem da dinâmica política mais ampla diante desse estado de coisas. Em face do quadro descrito, essa característica não seria mesmo possível de se desejar.

As formas de luta negra para subtrair-se a essa condição na literatura analisada, quando existem, são sempre idealizadas, beirando um romantismo de certa forma exagerado, que não fica longe de um comportamento infantil, mostrando uma fragilidade que desemboca em perplexa frustração.

Essa literatura está atrelada a um modelo histórico do negro no qual seu grito dói sufocado pela avalanche de contradições de uma sociedade e cultura brasileiras, que, por terem sido produzidas fortemente pelo grupo ainda como escravo, às vezes funcionam como impedimento de sua própria busca de emancipação e modernização. Aí o negro é aquele que, ao lado da indignação e da busca de mudanças, nunca alcança, porque serve como anteparo das lutas dos demais oprimidos. É ele muito mais um alçador de bandeiras do que um agente de mudança, não ficando muito claro as especificidades de suas questões.

A literatura se comporta como se fizesse somente uma reflexão, colocando o negro fictício num confronto com o real a partir daquilo mesmo que é visto como produto de seu trabalho, o desenrolar da sua vida e o *estar* de suas relações com o mundo. Isto é, fica o descendente de africanos aprisionado a um só modelo cultural, reeducando-se por um fator de ficção.

É uma psicologia literária canhestra, uma tipificação. Fora autores negros – principalmente Lima Barreto, que possibilita em sua obra a análise de sua própria psicologia, dinamizada por se debruçar sobre o preconceito racial como uma dinâmica e não como uma característica fina –, os grandes literatos que fazem uso do tema negro não adentram a esse propósito. É como se o personagem, despossuído ou "doutor", não tivesse uma psique que se atualiza, sendo somente possuidor de um pensamento mágico ou vítima passiva de um fatalismo.

O amor nessa literatura é sempre o inter-racial. Poucas obras se referem ao amor entre negro e negra; quando há, trata-se de um amor destituído de prazer, no qual o sentimento está restrito às questões de sobrevivência material. Se há exceções, não cobrem a tendência a apresentar não dois seres que se desejam, mas que se juntam por contingências ligadas às perspectivas de vida mais primárias: alimentar-se, trabalhar (se trabalham, geralmente isso cabe à mulher), gerar outros seres sem ambição e morrer.

Não me ocorre algum autor que se debruce sobre a história de uma família negra como tema literário. O afeto do homem negro está sempre dirigido ao desejo sexual pela mulher branca, ou, a contrapartida, do homem branco pela mulher negra (escrava, babá, empregada), ou então pela mestiça (mulata, padrão de eroticidade), sem estruturas institucionais. Essa tônica literária, em ambos os casos, representa mais o desafio do outro do que o encontro pleno com o mesmo, o que sempre ficticiamente empreende uma relação de submissão.

Na verdade, essa temática reflete uma ideologia-mito, no mínimo fundada na fantasia de que o desejo intersexual tem por objetivo outra fantasia-mítica-nacional que necessariamente deságua em uma frustração não resolvida: a busca de romper o bloqueio da ascensão social, o ingresso no mundo do outro, proibido, que ocupa um lugar social, por seu turno, também proibido.

Essa ideologia, até recentemente, fundava-se na vontade nem sempre confessada, mas em alguns autores explícita, de que a resolução das desigualdades raciais e de status social passasse pelo intercurso entre sexos, através do produto humano dessas relações. Ou seja, os filhos mestiços desencadeados pela ideologia de embranquecimento da sociedade brasileira. Embranquecimento idealizado no conceito da morenice e democracia racial.

Não se compreenda que estejamos a fazer nesta análise um julgamento preconceituoso, nem mesmo algum preconceito. É inegável o papel da miscigenação nos países pluriétnicos, inclusive no Brasil. O importante é não a ver de um ponto de vista eugenista. Não é ela o produto final positivo das relações interétnicas, pois essas transcendem essa perigosa amplificação, ao se depararem com os verdadeiros conflitos, sejam individuais, políticos ou sociais, os quais acarretam as desigualdades étnicas em nosso país.

O que há de positivo nessas trocas, talvez possamos mesmo afirmar como positivo, é que se deve, por direito individual adquirido, respeitar a liberdade embutida no desejo de um ser humano por outro – a nosso ver, o fundamento político de qualquer sociedade organizada. Entretanto isso por si só não deve ser apresentado como uma autoestima nacional, abrangendo um todo social simplificadamente, quando, ao contrário da "boa vontade" de alguns literários, o revestimento dessa ideologia encobre o peso do preconceito e da discriminação racial.

2.

A outra vertente da abordagem diz respeito à ausência da escrita na vida da maioria dos negros no Brasil. Seja pelo empobrecimento e analfabetismo em que a maior parte da população brasileira está mergulhada, seja pela demora em se estabelecer uma filosofia educacional no contexto do ensino no Brasil em que se incluam os elementos da cultura negra que remontam à origem africana.

Ora, é preciso, antes de mais nada, analisar o papel de uma possível oralidade de origem africana, segundo alguns estudiosos ainda presentes no comportamento da comunicação dos negros. É preciso vê-la não somente como uma tradição a ser preservada ou resgatada, mas também como uma variante do processo de dominação que marca a desigualdade racial e social. O profundo empobrecimento levou essa camada da população à miséria após a abolição da escravatura, apoiado em fatores tais como: a crise econômica nas primeiras décadas do século; o não assentamento daqueles ex-escravos em estabelecimentos fundiários (substituição pelo imigrante); o crescente vigor do preconceito e da discriminação raciais no mercado de trabalho ascendente; a política centralizadora do

Estado; a expansão urbana; e a mortandade. Esses fatores excluíram os descendentes de africanos do processo educativo e, portanto, do acesso à escrita. Nesse contexto, a oralidade tornou-se comprometida, na medida em que ficou próxima do imaginário, perdendo sua própria objetividade.

Podemos recorrer, como complemento dessa literatura oral, às letras de composições, sejam aquelas de manifestações artísticas coletivas, como Congada, Folia de Reis, Boi Bumbá etc., sejam as composições dos sambistas nos centros urbanos. Essa literatura musical, cuja temática varia da crítica política do falar cotidiano até a lírica, de certo modo compensa o pouco domínio da língua em que a maioria da população se vê envolvida. Em certa medida e em muitos compositores, a fluência verbal, o domínio literário surpreende por uma autêntica poética e, de certo modo, também, por uma correta erudição.

Entretanto, sua produção é vista puramente como um lúdico e não como um historicismo. É vista como a produção de um indivíduo, e não uma manifestação de *logos* socializado, produto de um *ethos* coletivo. Não é uma literatura musicada, mas uma música rimada, cujo sentido da palavra cai no vazio.

Por fim, dentro desse quadro, começa a surgir a voz dessa maioria silenciosa.

ENTREVISTAS

Entrevista a Eloí Calage ● Foto de José Moure

O NEGRO VISTO

MARIA Beatriz Nascimento, 34 anos, formada em História pelo Instituto de Filosofia e Ciências Sociais da UFRJ, atualmente pesquisadora do Centro de Pesquisa e Documentação de História Contemporânea da Fundação Getúlio Vargas, vem, há três anos, trabalhando num ambicioso projeto: reescrever, de forma interpretativa, a história do negro no Brasil. O que ela pretende não é realizar um trabalho convencional de mergulho no passado, mas estabelecer uma relação de continuidade histórica que, partindo do passado, possa levar a uma nova compreensão do papel do negro na história brasileira, incluindo seu presente. Sobre isso, Maria Beatriz falou a MANCHETE:

MANCHETE — Foram motivos pessoais ou científicos que a levaram a escrever a história do negro no Brasil?

Maria Beatriz — Difícil separar as duas coisas. Ainda no tempo de estudante eu sentia uma grande necessidade de conhecer e de entender o papel do negro na história brasileira. Neste campo existe um vazio muito grande em termos de conhecimento. Além disso, sentia que não bastava apenas um maior número de informações sobre o assunto: é necessário que a história seja reescrita de uma nova perspectiva, crítica, reformista, que se reavalie tudo o que se tem sobre história e sociologia do negro. Ao nível existencial, sendo negra, acho necessário que tudo isso seja analisado da perspectiva do negro, enquanto sujeito da História.

— O seu trabalho vai revelar novos documentos sobre o tema?

— As fontes que estou utilizando são conhecidas, em parte pelo menos. Utilizo muita bibliografia estrangeira, especialmente norte-americana. Em termos de documentos de fonte primária, o que restou foi muito pouco e uma boa parte se encontra em Portugal, no arquivo da Torre do Tombo. Esses documentos, que eu já utilizei, são, na sua grande maioria, de uma fonte específica: a polícia colonial. Neles, o negro aparece quando há necessidade de reprimi-lo. Estou também me baseando em dados da história recente; o que eu quero não é narrar acontecimentos do passado, mas estabelecer o que há de continuidade entre o passado e o presente do negro no Brasil.

— E em que aspectos você percebe e estabelece essa continuidade?

— O tema do meu trabalho é o quilombo. Na minha opinião, ao contrário do que me foi ensinado e do que ainda hoje se ensina nas escolas, o quilombo não foi uma tentativa de rebelião pura e simples contra o sistema escravocrata. Foi também uma forma de organização política e social com implicações ideológicas muito fortes na vida do negro no passado e que se projeta, após a abolição, no século XX.

— Isto é, o quilombo na sua opinião ainda sobrevive?

— Sobrevive, não na sua forma original, mas como uma tradição de vida do negro brasileiro. O fundamental é que essa é uma forma de vida do negro brasileiro em qualquer época. Um exemplo: estudando-se a documentação da polícia do século XIX, percebe-se que determinadas regiões do Rio de Janeiro, como o Catumbi, os morros de São Carlos e Santa Marta e outras favelas atuais foram, anteriormente, lugares onde existiam quilombos. Ou, durante a seca do Nordeste, em 1877, os grupos migrantes que se dirigiram para a Amazônia estabeleceram-se em núcleos formados por ex-quilombolas. A continuidade histórica aí pode ser percebida mesmo ao nível geográfico.

— Embora as favelas do Rio de Janeiro tenham uma grande concentração de população negra, nelas também habitam grupos de outras origens raciais. Como é que você estabelece, então, essa continuidade de quilombo?

— O próprio quilombo colonial não era apenas reduto de negros, embora esses representassem a maioria de sua população, mas, pela sua origem social, integrava negros e outros oprimidos, índios, por exemplo, e mulheres brancas. A tradição diz que essas mulheres eram trazidas à força pelos quilombolas, mas aí está um outro aspecto que é preciso rever.

Uma sociedade que criou valores próprios

— E quanto ao que você chama de organização social e ideológica do quilombo?

— Esse é, para mim, o aspecto mais importante, ainda insuficientemente estudado pelos historiadores. É evidente que a fuga, o suicídio, o aborto ou o assassinato de brancos existiram como uma espécie de reação mesmo ou de vingança contra os sofrimentos infligidos aos escravos. Mas não foi apenas a necessidade de criar uma sociedade alternativa, com valores próprios, diferentes dos valores dominantes na sociedade em que os negros foram integrados à força. A fuga, no caso, era fundamental, uma vez que os negros, enquanto presos às fazendas, não tinham condições de enfrentar militarmente seus dominadores. Mas é ao organizar sua própria sociedade que o negro se afirma e se torna autônomo. Por isso, eu me preocupo mais em desvendar os aspectos relativos à **paz quilombola**, pouco conhecidos, do que com a rebelião em si.

— Que características tinha essa paz?

— Os momentos de paz correspondem, basicamente, ao desenvolvimento social e econômico dos quilombos. Períodos em que se desenvolveram a agricultura, a pecuária, o fabrico de instrumentos de trabalho e de armas para a defesa. Nestes períodos, os quilombos chegaram a estabelecer relações econômicas dentro do sistema, alugando suas pastagens para o gado de pequenos proprietários, comerciando seus produtos com os habitantes das vizinhanças. Por isso, a repressão que sofreram não se explica, ou não se esgota, no fato de que os negros rebelados prejudicavam a sociedade colonial diminuindo seu potencial de mão-de-obra. A sociedade os reprimiu mais duramente em momentos de crise econômica, quando os quilombos vitoriosos chegaram a representar uma ameaça, como seus concorrentes dentro do próprio sistema.

— Como você explica a existência de escravos dentro dos quilombos?

— O quilombo está longe de ser o lugar de felicidade, a sociedade ideal, a utopia descrita por parte da intelectualidade branca em espetáculos do tipo Arena Conta Zumbi. Considero mesmo reacionária essa concepção, pois mostra apenas um aspecto: o negro frágil, perseguido, sofredor,

bonzinho. O quilombo, como qualquer sociedade humana, tinha suas próprias contradições. a escravidão entre elas, embora essa escravidão não fosse idêntica à escravidão colonial, não chegasse aos limites de crueldade verificados na sociedade branca.

— Na sua opinião existe um vazio do conhecimento a respeito do negro ou, então, ele é apresentado de uma forma idealizada. Como e porque você pretende desidealizar essa imagem?

— Considero importante desidealizar o quilombo, porque isso significará desidealizar o negro, liberta-lo de sua suposta fragilidade. Historiadores norte-americanos, por exemplo, têm-se mostrado surpresos com o que chamam a "docilidade do negro brasileiro". Isso se explica, em parte, pelo obscurantismo em que o negro foi mergulhado em relação a si próprio e às lutas do seu passado. Quando uma criança negra ouve, na escola, que os africanos viviam livres, dançando, caçando nas florestas, quando foram aprisionados e transportados em navios negreiros — essa criança pode ficar revoltada contra a brutalidade da escravidão. Mas, ao mesmo tempo, ela se sentirá, enquanto negra, depreciada: então os negros eram assim tão frágeis?

A lucrativa escravização dos africanos

— E na realidade não eram?

— Tudo fica mais compreensível quando se diz a essa criança que houve um acordo, uma cumplicidade, entre os reis europeus e os próprios reis africanos, que viam na escravidão do homem africano uma possibilidade de lucro. O negro, então, não foi só vítima da escravidão. Os soberanos africanos, cúmplices dos mercadores de escravos, foram também algozes.

— E em que medida pode ser bom saber que o negro foi também algoz?

— O que vou dizer pode parecer reacionário. Mas, para o homem em geral, dominar, vencer, significa ser forte. E aí está uma das chaves do problema: é preciso mostrar ao negro a verdade histórica, dando-lhe oportunidade de tomar

A pesquisadora Maria Beatriz Nascimento reinterpreta os quilombos e fala sobre a continuidade histórica do seu comportamento no Brasil de hoje

POR ELE MESMO

Maria Beatriz Nascimento tem nova interpretação sobre o funcionamento dos quilombos no Brasil e suas profundas implicações ideológicas.

conhecimento de sua própria força. Ele precisa saber que **pode** dominar, pode organizar uma sociedade e fazê-la vitoriosa. Se ele vai usar essa força para dominar os outros ou simplesmente para libertar-se, afirmar-se, é problema dele. O importante, inicialmente, é recuperar a consciência de sua força, sentir-se potente. Ou seja, que negro não é sinônimo de vencido. Saber, por exemplo, que houve toda uma preparação militar e ideológica anterior à constituição do quilombo. Que, embora o escravo também praticasse a fuga pura e simples, houve também a fuga preparada, discutida ainda na senzala, prova disso é o fato de que primeiro fugiam os homens. As mulheres e crianças só eram levadas quando o quilombo atingia um estágio de organização que possibilitasse sua própria defesa.

— Não eram movimentos espontâneos?

— De maneira nenhuma. O quilombola típico, se assim podemos dizer, não fugia apenas dos maus tratos e da escravidão. Um homem em condições físicas e psíquicas normais, embora vivendo sob um sistema de instituição vigorosamente opressora, poderia voluntariamente imaginar para si instituições mais de acordo com as suas potencialidades e aptidões, o que era impossível de realizar dentro da ordem social escravocrata. O quilombo não foi o reduto de **negros fugidos**: foi a sociedade alternativa que o negro criou.

Manutenção indireta do preconceito racial

— E você, pessoalmente, como se sente hoje, enquanto **negra brasileira**?

— Eu sou eu e eu sou negra. E, enquanto negra, sou um produto das relações raciais no Brasil, relações que estão numa situação que se pode chamar de caótica. Por exemplo: em termos de recenseamento da população brasileira não sou mais negra. O censo demográfico aboliu o quesito cor. Não existe mais negro no Brasil. Fomos declarados, à nossa revelia, como integrantes de uma democracia racial. Deixemos as leis de lado, observemos a vida: existe preconceito de cor no Brasil? Em

que medida? Se somos um país de iguais, que motivos tem o negro de lutar por melhores condições de vida? Por outro lado, na minha opinião, ainda existe, no Brasil, uma cultura própria, uma forma de vida do negro, que só poderá ser conhecida na medida em que o próprio negro se identificar enquanto negro. Mas aí está outro problema: é interessante para o negro que isso seja conhecido fora do seu meio, ou ele estará correndo o risco de fornecer mais elementos de conhecimento sobre si, facilitando a utilização desses conhecimentos contra ele próprio? É preciso desconfiar e o negro, no momento, está desconfiado.

— Como é que você sente essa desconfiança?

— Veja, por exemplo, a discussão em torno das escolas de samba: branco pode? Não pode? A entrada do branco na escola a descaracteriza ou não? Outro aspecto: as religiões afro-brasileiras não são abertas como a religião dominante. Para se chegar aos verdadeiros cultos afro-brasileiros é preciso vencer toda uma resistência que parte justamente da desconfiança dos seus integrantes, que se negam a fornecer as **chaves** da compreensão. Esse intimismo do negro é significativo. E tem também sua contrapartida: o negro não se mostra, mas, para falar em termos grossos, "permanece no seu lugar", isto é, ocupa os espaços sociais que lhe permitiram ocupar, mantendo, indiretamente, a discriminação.

— Quais são os espaços que o negro ainda tem que conquistar?

— O negro não tem apenas espaços a conquistar, tem coisas a reintegrar também, coisas que são suas e que não são reconhecidas como suas características. O pensamento, por exemplo. Fico chocada quando se dá ao branco a cabeça, a racionalidade, e ao negro o corpo, a intuição, o instinto. Negro tem emocionalidade e intelectualidade, tem pensamento, como qualquer ser humano. Ele precisa é recuperar o conhecimento, que é também seu, e que foi apenas apoderado pela dominação. E por aí vamos chegar à discussão sobre a posse do conhecimento. E a Bacon, que tem toda razão quando diz que conhecimento é poder.

131

O NEGRO VISTO POR ELE MESMO

Maria Beatriz Nascimento, 34 anos, formada em história pelo Instituto de Filosofia e Ciências Sociais da UFRJ [Universidade Federal do Rio de Janeiro], atualmente pesquisadora do Centro de Pesquisa e Documentação de História Contemporânea da Fundação Getúlio Vargas, vem, há três anos, trabalhando num ambicioso projeto: reescrever, de forma interpretativa, a história do negro no Brasil. O que ela pretende não é realizar um trabalho convencional de mergulho no passado, mas estabelecer uma relação de continuidade histórica que, partindo do passado, pode levar a uma nova compreensão do papel do negro na história brasileira, incluindo seu presente. Sobre isso, Maria Beatriz falou à Manchete.

ELOÍ CALAGE *Foram motivos pessoais ou científicos que a levaram a escrever a história do negro no Brasil?*

BEATRIZ NASCIMENTO Difícil separar as duas coisas. Ainda no tempo de estudante eu sentia uma grande necessidade

• Revista *Manchete*, ed. 1270, 21 ago. 1976, pp. 130-31. Entrevista à jornalista e escritora Eloí Calage. Pelo conteúdo das respostas na entrevista, Beatriz Nascimento demonstra interesse pela questão quilombola – no Brasil colonial e em sua possível continuidade no período pós-abolição –, o que somente tomaria corpo em seu trabalho acadêmico dois anos depois. [N. O.]

de conhecer e de entender o papel do negro na história brasileira. Nesse campo existe um vazio muito grande em termos de conhecimento. Além disso, sentia que não bastava apenas um maior número de informações sobre o assunto: é necessário que a história seja reescrita de uma nova perspectiva crítica, reformista, que se reavalie tudo que se tem sobre história e sociologia do negro. No nível existencial, sendo negra, acho necessário que tudo isso seja analisado da perspectiva do negro, enquanto sujeito da história.

EC *O seu trabalho vai revelar novos documentos sobre o tema?*
BN As fontes que estou utilizando são conhecidas – em parte, pelo menos. Utilizo muita bibliografia estrangeira, especialmente norte-americana. Em termos de documentos de fonte primária, o que restou foi muito pouco e uma boa parte se encontra em Portugal, no arquivo da Torre do Tombo. Esses documentos, que eu já utilizei, são, na sua grande maioria, de uma fonte específica: a polícia colonial. Neles, o negro aparece quando há necessidade de reprimi-lo. Estou também me baseando em dados da história recente: o que eu quero não é narrar acontecimentos do passado, mas estabelecer o que há de continuidade entre o passado e o presente do negro no Brasil.

EC *Em que aspectos você percebe e estabelece essa continuidade?*
BN O tema do meu trabalho é o quilombo. Na minha opinião, ao contrário do que me foi ensinado e do que ainda hoje se ensina nas escolas, o quilombo não foi uma tentativa de rebelião pura e simples contra o sistema escravocrata. Foi também uma forma de organização política e social com implicações ideológicas muito fortes na vida do negro no passado e que se projeta, após a abolição, no século xx.

EC *Isto é, o quilombo, na sua opinião, ainda sobrevive?*

BN Sobrevive, não na sua forma original, mas como uma tradição de vida do negro brasileiro. O fundamental é que essa é uma forma de vida do negro brasileiro em qualquer época. Um exemplo: estudando-se a documentação da polícia do século XIX, percebe-se que determinadas regiões do Rio de Janeiro, como Catumbi, os morros de São Carlos e Santa Marta, e outras favelas atuais, foram, anteriormente, lugares onde existiam quilombos. Ou durante a seca do Nordeste, em 1877, os grupos migrantes que se dirigiam para a Amazônia estabeleceram-se em núcleos formados por ex-quilombolas. A continuidade histórica aí pode ser percebida mesmo em nível geográfico.

EC *Embora as favelas do Rio de Janeiro tenham uma grande concentração de população negra, nelas também habitam grupos de outras origens raciais. Como é que você estabelece, então, essa continuidade em termos de quilombo?*

BN O próprio quilombo colonial não era apenas reduto de negros, embora esses representassem a maioria da população, mas, pela sua origem social, integrava negros e outros oprimidos, índios, por exemplo, e mulheres brancas. A tradição diz que essas mulheres eram trazidas à força pelos quilombolas, mas aí está um outro aspecto que é preciso rever.

EC *E quanto ao que você chama de organização social e ideológica do quilombo?*

BN Esse é, para mim, o aspecto mais importante insuficientemente estudado pelos historiadores. É evidente que a fuga, o suicídio, o aborto ou o assassinato de brancos existiram como uma espécie de reação mesmo ou de vingança contra os sofrimentos infligidos aos escravos. Mas não foi apenas a necessidade de fugir que permitiu o estabelecimento da sociedade quilombola. Foi, isso sim, a capacidade de criar uma sociedade alternativa, com valores próprios, diferentes dos valores dominantes na sociedade em que os negros foram integrados à força. A fuga, no caso, era fundamental, uma vez que os negros, enquanto presos às fazendas, não tinham condições de enfrentar militarmente seus dominadores. Mas é ao organizar sua própria sociedade que o negro se afirma e se torna autônomo. Por isso, eu me preocupo mais em desvendar os aspectos relativos à paz quilombola, pouco conhecidos, do que com a rebelião em si.

EC *Que característica tinha essa paz?*
BN Os momentos de paz correspondem, basicamente, ao desenvolvimento social e econômico dos quilombos. Períodos em que se desenvolveram a agricultura, a pecuária, a fabricação de instrumentos de trabalho e de armas para a defesa. Nesses períodos, os quilombos chegaram a estabelecer relações econômicas dentro do sistema, alugando suas pastagens para o gado de pequenos proprietários, comerciando seus produtos com os habitantes das vizinhanças. Por isso, a repressão que sofreram não se explica ou não se esgota no fato de que os negros rebelados prejudicavam a sociedade colonial ao diminuir seu potencial de mão de obra. A sociedade os reprimiu mais duramente em momentos de crise econômica, quando os quilombos vitoriosos chegaram a representar uma ameaça, como seus concorrentes dentro do próprio sistema.

EC *Como você explica a resistência de escravos dentro dos quilombos?*
BN O quilombo está longe de ser o lugar de felicidade, a sociedade ideal, a utopia descrita por parte da intelectualidade

branca em espetáculos do tipo *Arena conta Zumbi* [1975].[1] Considero mesmo reacionária essa concepção, pois mostra apenas um aspecto: o negro frágil, perseguido, sofredor, bonzinho. O quilombo, como qualquer sociedade humana, tinha suas próprias contradições, a escravidão entre elas, embora essa escravidão não fosse idêntica à escravidão colonial, não chegasse aos limites de crueldade verificados na sociedade branca.

EC *Na sua opinião existe um vazio de conhecimento a respeito do negro ou, então, ele é apresentado de uma forma idealizada. Como e por que você pretende desidealizar essa imagem?*
BN Considero importante desidealizar o quilombo, porque isso significará desidealizar o negro, libertá-lo de sua suposta fragilidade. Historiadores norte-americanos, por exemplo, têm-se mostrado surpresos com o que chamam de a "docilidade do negro brasileiro". Isso se explica, em parte, pelo obscurantismo em que o negro foi mergulhado em relação a si próprio, às lutas do seu passado. Quando uma criança negra ouve, na escola, que os africanos viviam livres, dançando, caçando nas florestas, quando foram aprisionados e transportados em navios negreiros – essa criança pode ficar revoltada contra a brutalidade da escravidão. Mas, ao mesmo tempo, ela se sentirá, enquanto negra, depreciada: "Então os negros eram assim tão frágeis?".

EC *E na realidade não eram?*
BN Tudo fica mais compreensível quando se diz a essa criança que houve um acordo, uma cumplicidade, entre os reis euro-

---

1 Escrito por Gianfracesco Guarnieri e Augusto Boal, com direção de Augusto Boal, direção musical de Carlos Castilho e música de Edu Lobo, o musical estreou no Teatro Arena em 1º de maio de 1965. [N. E.]

peus e os próprios reis africanos, que viam na escravidão do homem africano uma possibilidade de lucro. O negro, então, não foi só vítima da escravidão. Os soberanos africanos, cúmplices dos mercadores de escravos, foram também algozes.

EC **Em que medida pode ser bom saber que o negro foi também algoz?**

BN O que vou dizer pode parecer reacionário. Mas, para o homem em geral, dominar, vencer, significa ser forte. E aí está uma das chaves do problema: é preciso mostrar ao negro a verdade histórica, dando-lhe oportunidade de tomar conhecimento de sua própria força. Ele precisa saber que pode dominar, pode organizar uma sociedade e fazê-la vitoriosa. Se ele vai usar essa força para dominar os outros ou simplesmente para libertar-se, afirmar-se, é problema dele. O importante, inicialmente, é recuperar a consciência de sua força, sentir-se potente. Ou seja, que negro não é sinônimo de vencido. Saber, por exemplo, que houve toda uma preparação militar e ideológica anterior à constituição do quilombo. Que, embora o escravo também praticasse a fuga pura e simples, houve também a fuga preparada, discutida ainda na senzala; prova disso é o fato de que primeiro fugiam os homens. As mulheres e crianças só eram levadas quando o quilombo atingia um estágio de organização que possibilitasse sua própria defesa.

EC **Não eram movimentos espontâneos?**

BN De maneira nenhuma. O quilombola típico, se assim se pode dizer, não fugia apenas dos maus tratos e da escravidão. Um homem em condições físicas e psíquicas normais, embora vivendo sob um sistema de instituição vigorosamente opressora, poderia voluntariamente imaginar para si instituições

126

mais de acordo com as suas potencialidades e aptidões, o que era impossível realizar dentro da ordem social escravocrata. O quilombo não foi reduto de negros fugidos: foi a sociedade alternativa que o negro criou.

EC *E você, pessoalmente, como se sente hoje, enquanto negra brasileira?*

BN Eu sou eu e eu sou negra. E, enquanto negra, sou um produto das relações raciais no Brasil, relações que estão numa situação que se pode chamar de caótica. Por exemplo: em termos de recenseamento da população brasileira não sou mais negra. O censo demográfico aboliu o quesito cor. Não existe mais negro no Brasil. Fomos declarados, a nossa revelia, como integrantes de uma democracia racial. Deixemos as leis de lado, observemos a vida: existe preconceito de cor no Brasil? Em que medida? Se somos um país de iguais, que motivos tem o negro de lutar por melhores condições de vida? Por outro lado, na minha opinião, ainda existe, no Brasil, uma cultura própria, uma forma de vida do negro, que só poderá ser conhecida na medida em que o próprio negro se identificar enquanto negro. Mas aí está outro problema: é interessante para o negro que isso seja conhecido fora do seu meio, ou ele estará correndo o risco de fornecer mais elementos de conhecimento sobre si, facilitando a utilização desses conhecimentos contra ele próprio? É preciso desconfiar e o negro, no momento, está desconfiado.

EC *Como é que você sente essa desconfiança?*

BN Veja, por exemplo, a discussão em torno das escolas de samba: branco pode? Não pode? A entrada do branco na escola a descaracteriza ou não? Outro aspecto: as religiões afro-brasileiras não são abertas como a religião dominante. Para se chegar aos verdadeiros cultos afro-brasileiros é preciso vencer toda uma resistência que parte justamente da desconfiança dos seus integrantes, que se negam a fornecer as chaves da compreensão. Esse intimismo do negro é significativo. E tem também a contrapartida: o negro não se mostra, mas, para falar em termos grossos, "permanece no seu lugar", isto é, ocupa os espaços sociais que lhe permitiram ocupar, mantendo, indiretamente, a discriminação.

EC *Quais são os espaços que o negro ainda tem que conquistar?*
BN O negro não tem apenas espaços a conquistar, tem coisas a reintegrar também, coisas que são suas e que não são reconhecidas como suas características. O pensamento, por exemplo. Fico chocada quando se dá ao branco a cabeça, a racionalidade, e ao negro o corpo, a intuição, o instinto. Negro tem emocionalidade e intelectualidade, tem pensamento como qualquer ser humano. Ele precisa é recuperar o conhecimento que também é seu, e que foi apenas apoderado pela dominação. E por aí vamos chegar à discussão sobre a posse do conhecimento. E a Bacon, que tem toda razão quando diz que conhecimento é poder.

QUILOMBO: EM PALMARES, NA FAVELA, NO CARNAVAL

Os professores e os livros de escola ainda não contaram a história dos quilombos. A historiografia oficial tem omitido os dados da vida desses negros que nunca foram escravos. Uma omissão histórica sobre os brasileiros que dominavam a produção de cana-de-açúcar, no século XVIII, em Pernambuco, para manter seu território – o Quilombo de Palmares, forte e livre da dominação portuguesa.

Mas essa experiência da comunidade negra vem se repetindo até os dias de hoje. Para a socióloga [sic] Beatriz Nascimento, da Fundação Getúlio Vargas, o quilombo ainda está vivo. Representando a resistência dos negros e dos brancos

■ Entrevista cedida ao jornalista Caco Barcellos, transcrita sem perguntas e respostas. Jornal *Movimento*, 16 mai. 1977. A exemplo da entrevista anterior, a autora indica que está estudando a questão dos quilombos e sua possível correlação com as favelas, projeto de pesquisa que iniciará no ano seguinte. A pesquisadora destaca o movimento – cultural, musical e estético – da juventude negra suburbana carioca conhecido como Black Rio. Nessa entrevista, ela sugere que o foco desse movimento em bailes de música afro-estadunidense constituiria um indício de perda cultural, visão distinta de outras falas que fez até no mesmo ano, como na Conferência Historiografia do Quilombo, realizada na Quinzena do Negro na USP. Beatriz Nascimento também salienta aqui a interligação entre espaços e culturas da diáspora africana, parte da tese que desenvolve em *Orí.* [N. O.]

oprimidos. É uma possibilidade de vida mesmo quando a situação for adversa.

Quilombo pode ser um lugar onde as pessoas possam viver mais livremente. No Rio de Janeiro o quilombo "é uma favela, é um movimento como o Black Rio, ou uma nova escola de samba do subúrbio como o Quilombo de Palmares". Num outro sentido, é uma referência de paz e de harmonia com a natureza.

Quatro ou cinco negros reunidos também formam um quilombo. Basta um negro estar com outro negro ou consigo mesmo.

Neste depoimento Beatriz fala de si, da sua vida, "uma negra bonita, intelectual, pequeno-burguesa da Zona Sul carioca". Em suas pesquisas, nos morros e nos subúrbios do Rio, tem descoberto novos quilombos que reforçam a convicção de que a resistência continua.

O quilombo é um avanço, é produzir ou reproduzir um momento de paz. Quilombo é um guerreiro quando precisa ser um guerreiro. E também é o recuo se a luta não é necessária. É uma sapiência, uma sabedoria. A continuidade de vida, o ato de criar um momento feliz mesmo quando o inimigo é poderoso, e mesmo quando ele quer matar você. A resistência. Uma possibilidade nos dias da destruição.

A FAVELA NÃO REJEITA O BRANCO

O quilombo do Rio de Janeiro é uma favela, uma manifestação de dança negra – o Black Rio –, um trem da Central, uma nova escola do subúrbio. Estando o negro com outro negro já é um quilombo. Num sentido mais amplo é o seguinte: esteja o negro com o negro americano, esteja com o Pelé, ou consigo mesmo, e esteja com o branco se este não for o opressor.

Desde Palmares, no século XVIII, em Pernambuco, tem sido assim. O quilombo nunca foi discriminatório, tem sido assim. Jamais uma favela rejeitou um branco nordestino, um mineiro. E ali a maioria é negra. Mas ela não rejeita porque a favela é o lugar do homem sem-terra. O quilombo da favela é forte porque ela é a união do homem que se apodera de um pedaço de terra e divide essa terra com vários outros.

A escola de samba é um quilombo em festa, é a comunidade da favela que está nas ruas. Hoje todos falam que essa comunidade vive um drama. Mas dizer que o drama da escola surgiu a partir da entrada do branco não é verdade. Isso é atribuir força ao dominador. Porque o grande mal não é a presença do branco e sim a saída do negro.

A vida de quem sobe um quilombo no centro da cidade e a de quem mora na área geográfica que faz a história atual do Rio de Janeiro: os quilombos do morro de Santa Teresa, do morro de São Carlos, do Catumbi, do Corcovado, da Gamboa e no porto. Sempre foi a vida dessas pessoas que produziu a história do samba. Da Gamboa, por exemplo, o povo descendo o morro vai cair na Praça Onze, onde, inclusive, a escola Unidos de Lucas e a música de Ismael Silva se urbanizaram. Na Gamboa, a empregada sabe que a casa da madame está ali embaixo. O estivador pode voltar a pé do porto; os desocupados criam cabritos, porcos.

O DOMINADOR É MEIO INGÊNUO

Na subida do quilombo o povo se diverte; o samba, de boteco em boteco, torna a vida menos cruel. Ali pode-se pensar como homem livre, pode-se plantar porque a terra dá o alimento e principalmente os vegetais do candomblé. Você tem acesso às coisas fundamentais quase sem nenhum esforço. O carnaval é a expressão musical dessa vida comunitária que desceu o morro. Infelizmente ao longo da história houve várias tentativas de destruir essas manifestações. Como no Estado Novo aquela lei de Getúlio Vargas que obriga as escolas a produzir somente temas-enredos relacionados com os fatos históricos oficiais. O Estado Novo proibiu que o negro dançasse a capoeira e que usasse a frigideira como instrumento porque ele sabia que o cabo daquela frigideira era uma ponta de punhal nos asfaltos da cidade.

Mas o dominador às vezes é meio ingênuo. Quer destruir, por isso erra. Foi incapaz de prever que o povo fosse se apropriar da história e reproduzir sua crítica através do samba. O povo soube criar poesias belíssimas, apesar desses textos terríveis da história oficial. E o carnaval continua lindo. E continua.

Aos portugueses também foi difícil compreender os quilombos. A Corte Portuguesa sabia da existência de 50 mil negros em Palmares, mas não como dominá-los. O quilombo tinha uma base patriarcal. Eram profundos conhecedores do metal, desenvolveram a metalurgia para fabricar as lanças de guerra. Hoje, como a história é facciosa, ainda se pensa que a escravidão foi a herança principal do negro brasileiro. Porque todos os documentos da historiografia omitem informações sobre o negro livre. Sabe-se que existiram quilombos no Brasil desde 1559 e que eles vieram da Bacia do Congo. Mas para os historiadores eles apareceram a partir do ano de 1700, pois os documentos, da história jurídica inclusive, foram dados pela Corte Portuguesa. Eles contam como foi a repressão aos quilombos. E praticamente nada sobre suas vidas.

Apesar das teorias de branqueamento e da historiografia oficial, a história sempre se reproduziu: está aí prontinha para quem quiser ver e é belíssima. A história da repressão ao quilombo continua até hoje através da especulação imobiliária. Acabam-se com as favelas e ele é jogado para um conjunto habitacional do subúrbio. Nesse novo lugar, diferente de seu mundo, se obriga a usar condução, a conviver com as pessoas estranhas e ir todos os dias trabalhar na Zona Sul, entrar num mercado profissional em que ele não tem condições de competir. Nunca mais encontra o botequim no caminho de volta, lhe faltam os amigos e o tempo de cantar. Vive num lugar que não é dele.

Os prédios são desconhecidos porque o vertical do quilombo é o morro. Azulejos, bicas e privadas são coisas estranhas ao seu mundo de favela, de mijar no penico e jogar na valeta. Fica difícil compreender o esgoto quando não se tem a comida que acaba dentro das privadas. Então, o que se vê em Brás de Pina, Coelho Neto, Jacarepaguá e em todo o subúrbio é o negro impossibilitado de reproduzir a vida numa expressão musical, por exemplo.

A perda da identidade racial é trágica para nós. Hoje, neste momento, eu estou infeliz. Porque uma ala de vinte cuiqueiros da minha escola, Unidos de Lucas, não desfilou no último carnaval e não pode desfilar mais. Longe das favelas, estão sem dinheiro para pagar as fantasias que o desfile exige. É uma tristeza saber que isso acontece todos os dias. É triste saber que eles são os artistas, mas que na verdade quem anda gravando a música deles é branco. Que vai gravar de uma forma feia, de uma forma que não é a dele, mas que vai lhe dar o dinheiro para ter a casa na Barra da Tijuca.

MANEIRA DE SE SENTIREM FORTES

O que deve fazer o negro? Eles sabem o que fazer. Fazem, descobrem alternativa por eles mesmos. Naturalmente o negro resiste e cria um novo quilombo para enfrentar alguma situação adversa. Atualmente no Rio de Janeiro os jovens dessas famílias jogadas no subúrbio descobriram uma forma de se fazerem valorizar. Como perderam a identidade racial – afinal vivem num ambiente que não é o deles –, eles usam roupas exóticas, calçam sapatões coloridos, enormes chapéus. Reproduzem a história deles de uma outra forma.

São jovens negros, chamados de Black Rio, que perderam a possibilidade de estar em convívio com a informação da Zona Sul, com o estilo de vida mais livre da favela, mais independente. Eles abandonam todas as raízes culturais nacionais do negro. Abandonam porque foram tiradas deles, e não por uma atitude voluntária. Amam o *soul* e não o samba.

O *soul* é uma importação, como importação é esta minha blusa, o cigarro que o intelectual fuma. E todos os vícios de nossa sociedade nada mais são do que importação. O branco importa até as suas vísceras e ninguém se escandaliza. Ao contrário, faz parte da ideologia dominante. Agora o que acontece com os jovens negros? Organizam grupos de *soul* no subúrbio, ganham dinheiro com isso e ouvem música fundamentalmente negra feita pela raça oprimida americana.

Os negros desse quilombo do subúrbio perderam suas origens, mas criaram o Black Rio como uma maneira de se sentirem fortes. Poderosos como no candomblé, que também é uma possibilidade de você cansar de tanto dançar, relaxar e no outro dia voltar ao trabalho. Eu que sou uma negra intelectual também perdi minhas origens.

Continuar passivamente na condição de oprimido e fazer a mudança como fizemos no passado? Pois em 1888 chamou-se o negro, o humilde, esse vencido, o escravo, para o debate na Câmara. E por quê? A história conta de outra forma, mas todos sabem que ele precisava sair das terras dos fazendeiros para entrar o imigrante. E hoje se diz que São Paulo foi feita por italianos, alemães, japoneses, mesquitas, almeidas, prados. E não pelo homem que fez, pelo homem que estava nas plantações de café e que depois foi para a doca de Santos. Esse homem ainda resiste. A favela, o grito do carnaval, o Black Rio, o branco solidário está conosco nessa luta de resistência. Eu, como mulher negra, tenho o poder de afirmar que a pele branca não representa nada para mim. Porque como todos os negros eu tenho minha beleza, minha força e meu saber. Mas eu também dou a minha cultura, o meu saber. Eu sou suficientemente forte para querer o branco comigo enquanto ele não estiver contra mim. Ao longo dos anos essa tem sido a lei do quilombo.

MARIA BEATRIZ NASCIMENTO, PESQUISADORA, 39 ANOS

Com certeza todo mundo se lembra desses grandes sucessos que tocavam no rádio o dia inteiro, no início dos anos 1950: "Nega do cabelo duro", um samba que dizia, "paletó sem manga é blusão/ negra sem cabelo é João"; um outro que tinha o título de "Nega maluca"; e mais um ainda, que eu não me lembro o título mas que tinha um refrão insistente que repetia, "nega maluca, me deixa/ vai na polícia e faz queixa".[2] Nós morávamos todos em Cordovil, meus pais e meus irmãos, desde que viemos de Aracaju. Eu era a caçula e tinha um cabelo bem rentinho. Por causa disso a molecada da rua me chamava de João e ficava me provocando toda vez que eu passava para a escola ou ia fazer algum mandado pelas redondezas. Era um horror. Pra eu ir à rua era uma tortura, os meus outros irmãos e irmãs, talvez por

---

2 Marchinhas e samba de grande popularidade: "Nega do cabelo duro", de David Nasser e Rubens Soares; "Colete curto", de Nelson Campolino e Hélio Santos; e "Nega maluca", de Evaldo Ruy e Fernando Castro Lobo. Foram divulgadas em tempos de suposta democracia racial e gravadas até o fim do século passado por artistas do samba e da chamada música popular brasileira. Há outras que se referem a homens negros. [N. O.]

■ **Narrativa publicada na coletânea *Fala, crioulo*, organizada pelo ator, sambista e escritor Haroldo Costa (1982), com falas de pessoas negras de vários circuitos de vivência. A ausência das perguntas forja a ideia de uma fala única e direta. O relato traz temas que reaparecem em entrevistas e ensaios: a trajetória social e sua correlação com o racismo e as relações raciais. [N. O.]**

serem mais velhos, não passavam por esse vexame, mas eu não escapava. Um dia quando eu vinha da escola, isso foi em 1954, quando eu estava terminando o curso primário, uns rapazes e homens já feitos jogavam bola, e quando eu passei eles me puseram numa roda e levantaram a minha saia pra ver se eu era menina ou menino. Cheguei em casa praticamente muda, sem poder articular uma palavra, com muito custo consegui contar ao meu pai o que tinha se passado, ele saiu alucinado, com uma faca nas mãos para tirar satisfação com os sujeitos que tinham me humilhado. Mamãe conseguiu que ele deixasse a faca em casa, mas mesmo assim ele foi lá e botou a turma pra correr.

Eu nunca tive vergonha de ser preta ou de ter cabelo João; o que me envergonha, isso sim, é saber que a gente vive numa situação de impotência diante da realidade, diante do mundo; por isso eu continuo batalhando, lutando, acreditando nos valores que aprendi desde pequena no seio da minha família. Não sem sacrifícios, como é lugar-comum nas famílias negras e pobres, cheguei à universidade; nessa ocasião diminuiu muito o meu contato com o negro. O convívio era, na maior parte dos casos, com pessoas brancas, fato que aumentou quando eu me mudei para a Zona Sul da cidade, o que foi para mim uma verdadeira migração, com a correspondente necessidade de adaptação a um novo mundo, que não era aquele do subúrbio a que eu estava acostumada. Na verdade, a minha mudança nesse caso foi muito mais efetiva em relação a observações e comportamento do que quando vim de Aracaju para o Rio. Brás de Pina, onde moramos primeiro, parecia Aracaju, tinha muitas famílias negras, de estivadores e operários, com quem nós tínhamos contato permanente. Quando eu passei para a Zona Sul, isso há uns dez, onze anos, época em que minha filha nasceu, passei a perceber um outro Brasil. O fato de eu estudar história me despertou a necessidade de ver o negro com o seu destaque e importância na formação brasileira. Confesso que houve momentos na minha vida em que eu me escondia, andava pelas ruas como cabra, isto é, beirando a calçada. Sem coragem de encarar as pessoas e com medo de que me encarassem. Eu andava sempre na defensiva, com vergonha, e não sei bem se era vergonha de ser preta, vergonha de ser pobre, ou vergonha das duas condições...

Terminei recentemente o mestrado de história, na Universidade Federal Fluminense, complementando a minha formação de pesquisadora, da qual não só muito me orgulho como tenho tentado desempenhá-la com propriedade, organizando um grupo que se intitula André Rebouças, que é onde me apoio emocional e intelectualmente. Os seus integrantes são hoje profissionais de outras áreas que não a de ciências humanas; tem gente de tecnologia, química e física, mas nos conhecemos todos quando eles eram estudantes e eram alunos meus, do Eduardo de Oliveira e Oliveira, da professora Maria Berriel, do professor Carlos Hasenbalg e de Ivone Maggie.[3] O nosso trabalho começou na época braba mesmo, em 1974, em plena gestão do AI-5, quando juntar gente para discutir esses assuntos era perigoso e arriscado. O núcleo, que inicialmente era de onze alunos, agora tem mais de vinte pessoas, brancos e pretos, interessados na mudança do discurso que a história oficial do Brasil nos impinge há muitos e muitos anos. Mas a nação é muito autoritária, a sociedade brasileira é muito acomodada, principalmente esta que está no poder, e quem está no poder acaba nos isolando dentro do espaço das nossas próprias propostas... Por exemplo, eu estou sentindo que

---

3 No acervo de Beatriz Nascimento não há registro de conclusão desse mestrado iniciado em 1979. Até 1982, ela fez várias versões do trabalho, publicou alguns ensaios e elaborou um relatório (Nascimento, 2021), além de se debruçar sobre o tema em entrevistas e nos textos para o filme *Orí*. [N. O.]

está havendo um grande reavivamento da cultura negra, mas isso, não se iluda, é uma defesa da sociedade branca, por mais paradoxal que pareça, e quem não percebe embarca direitinho pensando que é uma atitude positiva em relação a nós.

Tem muita gente obtendo vantagens com o debate da questão racial. Ganhando poder e prestígio, mas para que isso continue, eles têm que manter o mesmo discurso e a mesma dialética, qualquer mudança poderá ser fatal...

Observando bem, a gente chega à conclusão de que vive numa sociedade dupla, ou tripla. Na medida em que ela impõe na sua cabeça que é uma sociedade branca, que o seu comportamento tem que ser padronizado segundo os ditames brancos, você como preto se anula, passa a viver uma outra vida, flutua sem nenhuma base onde pousar, sem referência e sem parâmetro do que deveria ser a sua forma peculiar. Atualmente eu estou frequentando três analistas. Muita gente se admira quando eu digo isso, porque é raro ver-se negro em sessões de psicanálise, a condição econômica não lhe permite, em compensação não se pode esquecer que grande parte da comunidade negra está nos hospícios ou nos cárceres. Estou-me analisando não é por diletantismo ou maluquice, talvez nem seja para consertar nada em mim, é possível que esteja para adaptar-me à dualidade que a sociedade me obriga a aceitar, porque me proíbe de ser como eu sou, da mesma forma como faz com muitos outros negros. Do momento em que a gente vive numa sociedade dual, tenta se adaptar e, nesse desespero, pode parar na prisão ou no hospital, e as pessoas que supostamente deveriam nos tratar não nos conhecem, ainda que pensem que sim. É uma coisa que eu discuto muito com o meu analista. Ele sempre me diz que gosta muito de negro, que vai comer angu no subúrbio e que esse negócio de pensar que negro é inferior está dentro de mim. Eu digo para ele que não, que a inferiorização do negro é uma coisa que eu sou levada a vivenciar a todo momento e isso me empurra muitas vezes a brigar, a agredir as pessoas, ou faz com que eu me recolha para dentro de uma casca. O negro que ascende de classe talvez perca um pouco a situação que eu ainda não perdi. Eu sou uma pessoa inconformada, esse tipo de sistema não me agrada de jeito nenhum; embora tenha umas coisas que me agradam, não me agrada no seu todo.

Por terem nos dividido culturalmente, a gente vive aí à busca dessa emancipação cultural. Tentam nos confinar como sambistas e a gente está querendo outra coisa, tem outras ambições e propósitos. A luta do negro não está sendo fácil no Brasil, está levando muita gente ao hospício e eu sei disso. No ano passado eu tive que tirar do hospital mais de uma pessoa do movimento negro. O Eduardo de Oliveira e Oliveira é um exemplo típico. Uma pessoa incrível, sabendo posicionar todas as coisas com clareza e precisão, foi um dividido entre a função cômoda de um professor de universidade e um militante de tempo integral. Acabou ficando isolado dez dias em casa, ninguém o procurou e ele, que já estava com problemas mentais, morreu de fome, de abandono. A isso se chama assassinato cultural, que é uma coisa que acontece em toda sociedade dividida culturalmente.[4] Esse processo costuma ser longo e insidioso e começa já na escola primária. Lá em

---

4 Beatriz se refere à ideia de que Eduardo de Oliveira e Oliveira teria sido encontrado morto por inanição, o que caracterizaria suicídio (Grin, 2002; Ratts, 2007). Segundo Trapp (2018), o sociólogo e ativista vivia uma situação de sofrimento psíquico e debilidade física. Teve o apoio e acompanhamento de amigos próximos. Faleceu em um hospital psiquiátrico em Itapira (SP). Para além do caso do amigo, Beatriz Nascimento aborda a associação entre psique e racismo, que ela mesma vivenciou, em poemas, aforismos e, mais detidamente, nessa entrevista. [N. O.]

Sergipe, para citar um fato concreto, eu estudava numa escola que era num terreno arrendado da minha avó, era em frente à casa dela; pois bem, eu muitas vezes inventava uma dor de barriga e fugia, sabe por quê? Porque tinha pouquíssimas crianças negras, iguais a mim, na escola. E esse fenômeno acontece comigo até hoje. Eu me sinto mal, me dá uma sensação de isolamento quando estou num grupo em que não tem muitos pretos. Eu senti isso em Angola quando estive lá durante um congresso da Organização das Mulheres Angolanas, em 1979, no mês que morreu o presidente Agostinho Neto. Eu estava lá também para fazer uma pesquisa sobre os quilombos, que é um trabalho ao qual eu me dedico há muitos anos. No hotel em que eu estava só tinha garçom branco servindo, eu comecei a passar mal, ter uma sensação de náuseas, e quase vomitei.

Acho que muita criança negra tem esse mesmo problema e é por isso que não estuda, muitas vezes não passa de ano, tem dificuldade na escola por causa de um certo tipo de isolamento que não é facilmente perceptível. E aquela mecânica de educação que não tem nada a ver com esses grupos de educação familiar, a mecânica da leitura, onde você não sabe quem é, porque não está nos livros. Quando eu comecei a mergulhar dentro de mim, como negra, foi justamente na escola, que era um ambiente onde eu convivia com a agressão pura e simples, com o isolamento, com as interpretações errôneas, estúpidas das professoras, a ausência de pessoas da minha cor na sala de aula, a falta de referência. No meu caso específico, o mecanismo para romper com essa situação de adversidade em que eu vivia era justamente estudar e tirar cem, que era a nota máxima na minha época. Eu era uma criança extremamente bem-comportada na escola primária, muitas vezes era elogiada pelas professoras porque eu era a mais educada, não pedia nem pra ir lá fora durante a aula. O que eu era, era muito reprimida. Imagine uma criança que não pede pra ir lá fora...

Ser negro é uma identidade atribuída por quem nos dominou. Para que o nosso futuro seja diferente e melhor, é necessário que nós pensemos a nosso respeito na condição de ser humano e acreditemos que o mundo está aí para todos os seres humanos viverem. Há muita coisa ainda para nós contribuirmos em termos de vida, em termos de cultura, não devemos ter medo de mostrar a quem quer que seja que nós fomos capazes de viver quatro séculos embaixo de chicote e queremos projetar essa experiência para o futuro, para as novas gerações, a fim de podermos contribuir para que o mundo seja um lugar onde as pessoas se respeitem, sem a exploração do homem pelo homem, sem dominados nem dominadores. Que todas essas coisas que nós viemos sofrendo sejam lições de vida, um exercitar das nossas capacidades, porque a capacidade que o negro tem é ilimitada e não está de todo desperta, porque tem sido sufocada por essa situação de penúria, de trabalho, de miséria. Mas é uma capacidade que está emergindo e essa herança de sofrimento faz dele um homem forte, necessário para a sociedade ser forte. E nessa medida a sociedade só vai melhorar – porque ela está péssima – com a nossa contribuição como pessoas, sem alianças com ninguém, nem com a igreja, nem com partido, com coisa nenhuma. Sabendo que existe um espaço de luta, a chamada luta étnica, que é o espaço da gente, quer dizer, botar pra fora o que nós somos, de uma maneira como sabemos nos impor, não precisa de jogo de cintura, nem malandragem, quem faz isso são as pessoas que exercitam a sua cabeça assim, mas nós não precisamos disso. Nós podemos entrar forte nessa sociedade porque ela não tem meios eficazes para destruir a nossa capacidade de ser humano.

VOLTA À TERRA DA MEMÓRIA

Beatriz Nascimento é uma historiadora negra cuja preocupação central é obter a reconstrução histórica do quilombo no Brasil.Para isso, ela percorreu o Brasil e viajou à África (Angola), mas centralizou suas pesquisas nos quilombos que surgiram em Minas Gerais durante o ciclo do ouro, que são o tema de sua tese de mestrado. Ela considera fundamental trazer tudo isso para o espaço social mais amplo, mostrando a importância e a dignidade da contribuição negra.

Beatriz fala sobre seus originais métodos de investigação à socióloga e cineasta Raquel Gerber, que incorporou parte desse material a seu filme Orí, longa-metragem em fase de montagem.

RAQUEL GERBER *Você tem alguma técnica especial para colher depoimentos e motivar os indivíduos a contar as coisas?*
BEATRIZ NASCIMENTO Trabalho muito lentamente e convivo com as pessoas implicadas. Não sei se, pela minha proximidade cultural, posso indagar sobre determinadas coisas, por exemplo

---

- Beatriz Nascimento entrevistada por Raquel Gerber. *Folha de S.Paulo*, Folhetim, 22 nov. 1981. Nesse período, ela havia concluído a pesquisa *Sistemas alternativos organizados pelos negros – dos quilombos às favelas*. A correlação direta entre relatos orais e fontes documentais, questionada nas ciências humanas, é feita por Beatriz Nascimento em situações bastante específicas. No fim da entrevista, a historiadora fala em "conservar e reconstruir". Paulatinamente, ela praticamente deixa de acionar a ideia um tanto esquemática acerca da localização dos quilombos. [N. O.]

sobre um vaso ou uma espada que estão na sala e eles usam nas festas. Tudo surge a partir do cotidiano e dos objetos relacionados com a vida deles e da comunidade.

RG *Então, no fundo, você parte de símbolos?*

BN Exatamente. Mas é interessante notar que eles seguem um fluxo. Até agora, fiz levantamentos em municípios cujo nome inclui a palavra "quilombo". Mas a pesquisa local é muito difícil, pois tenho que ir diversas vezes a um lugar até conseguir fazer contato com alguns de seus habitantes que se lembram de como foi o quilombo. Geralmente, quando abordamos o assunto, eles recordam sempre da figura de um líder negro que viveu na região. Os relatos sempre começam com a evocação de um negro muito forte, em torno do qual, até hoje, persistem, entre eles, significados simbólicos e espirituais. Tive a sorte de encontrar muita gente antiga, que são as únicas pessoas com legitimidade para falar sobre isso pela comunidade. Após ouvir suas histórias, constatei que tudo o que disseram corresponde à documentação dos arquivos. É um fenômeno muito interessante de conservação tácita da memória histórica de um povo. O problema é que os que ainda se lembram são muito poucos e estão desagregados. Só se reúnem por ocasião das festas que congregam netos, tios, primos e outros parentes. Acho que é então, quando eles se reagregam, que o quilombo volta a se reproduzir no presente, enquanto entidade espiritual.

VISÃO DO INFINITO

RG *E a pesquisa que você foi fazer na África, para relacionar as coisas de lá e daqui?*

BN Há muitas semelhanças, mas também diferenças. Quase todos os quilombos de Angola, que visitei, transformaram-se em cidade. Mas, para mim, na raiz de todos os quilombos existe uma procura espacial do homem, que se relaciona com muitas questões discutidas atualmente, como a ecologia. Os quilombos sempre se localizam em locais muito bonitos em meio à natureza. Geralmente são lugares altos, por questões de defesa, mas de onde também se tem uma visão do infinito, revelando uma necessidade de espaço vital, de horizonte, que se atrofiou nas grandes metrópoles. Os quilombos, principalmente os de Minas, são também locais de concentração de muitos recursos naturais, como fontes de água ou minérios, ou zonas de fertilidade, o que mostra a grande ligação do africano com a terra. É esse espaço, que não é geográfico, mas vital, que os negros procuram reproduzir, mesmo nos centros urbanos. Nas favelas do Rio, que se situam em morros, há sempre um certo verde e se cultivam determinados tipos de plantas utilizados em cerimônias religiosas. Por isso, acho que os quilombos surgiram não só como resultado de uma situação negativa de fuga da escravidão, mas como uma ação positiva para recriar a ligação primordial do homem com a terra. A terra não como propriedade, mas como elemento indispensável ao conjunto da vida humana, em seu significado espiritual.

RG *Seria essa visão de mundo o que une fundamentalmente os negros e os distingue?*
BN Acho que sim, mas também é preciso levar em conta seu processo de inserção na sociedade. A repressão aos negros se dá no nível das instituições, mas tem também um caráter mais sutil e mais genérico, que faz com que a cabeça do negro seja muito diferente da do branco. Talvez se possa falar de uma so-

brevivência do processo de colonização, baseado no autoritarismo, que permeia toda a sociedade brasileira, mas atua muito mais violentamente sobre o negro. Por isso, é tão importante para ele a experiência do passado africano. A busca das origens provoca sentimentos contraditórios: o de voltar para trás, que se traduz na melancolia do *banzo*, mas também o de conservar e reconstruir no presente, traduzido no espírito do quilombo.

ORÍ

No dia 20 de setembro foi lançado nacionalmente, em Salvador, o filme Orí, *da cineasta Raquel Gerber.* Orí *tem narração e textos da historiadora Beatriz Nascimento. O Jornal do* MNU *ouviu Beatriz, em Salvador, falar de* Orí, *de Movimento Negro e da nossa história. Valeu, Beatriz!*

É a alegria de quem vê parte de uma obra, de uma criação acabada. Porque *Orí* na verdade é um esforço conjunto de muitas pessoas em todo o Brasil, que veio a dar no Movimento Negro da década de 1970. Algo de que eu tenho o maior orgulho por ter sido uma das primeiras pessoas que, através da escrita, através da notícia, do artigo em jornais e revistas, escreveram, começaram a reescrever essa história a partir do Eu sou até as origens do Eu sou. Eu sou na África, Eu sou no Brasil. Quem Eu sou, por que Eu sou.

O processo de *Orí* é o de uma recriação da identidade nacional através do Movimento Negro da década de 1970. Então, toda essa dança faz parte de um movimento extremamente rigoroso que nós criamos em 1970. E me dá realmente alegria, alegria do poder. De finalmente estarmos no poder. Porque *Orí* é justamente a sua descoberta de que você é poder. Nesse sen-

---

■ *Jornal do* MNU, n. 17, set.-dez. 1989. Entrevista realizada pelo poeta e ativista Jônatas Conceição em Salvador por ocasião da divulgação na cidade do filme *Orí*. As perguntas não foram transcritas. [N. O.]

tido é uma alegria muito grande. Um momento de júbilo. Estar aqui, na origem. Salvador, na origem do Brasil. Porque *Orí* na verdade é a história do Brasil contada por quem é brasileira, sempre foi brasileira, gosta do Brasil. E que fragmentou essa nacionalidade desde muito cedo. O processo de *Orí* é de uma recriação da identidade nacional através do Movimento Negro da década de 1970. Nós, na década de 1970, éramos mudos. E os outros eram surdos a nós. E essa lógica estava embutida no processo da própria história do Brasil.

Era necessária a lógica, a fala do homem, pois estávamos altamente reprimidos pelo arbítrio. Não é à toa que 1974 marca o nascimento do Movimento Negro e, do meu ponto de vista, a busca do Eu sou. Na verdade, eu sabia quem era. Eu sabia que o Eu sou estava inteiro. Mas desagregado numa vivência de mundo extremamente repressiva. Daí a possibilidade de sair disso foi a reflexão, voltar para dentro. Tirar de dentro a potência para que houvesse possibilidade de abertura, de liberdade. E essa abertura é a abertura da nacionalidade brasileira. Um amplo leque que o Movimento Negro desperta de questões. Nós do Movimento Negro, da década de 1970, foi dele que partiu o Movimento Feminista através de um artigo assinado por mim na *Última Hora* sobre "A mulher negra e o mercado de trabalho", em 1976, no Rio de Janeiro. E de repente esse Movimento Negro se derrama por toda a nação que estava bloqueada na própria fala, no *logos*, na própria lógica. A fragmentação da nacionalidade a partir do processo da Revolução de 1964, vamos dizer assim. Então, emudeceu-se a partir de 1968 e nós nos preparamos quase que em sintonia, em todas as partes do Brasil, e nos organizamos, passo a passo, até hoje.

Eu quero ver Salvador com os olhos de *Orí* porque *Orí* é essa dimensão do humano. É quando o homem vence uma grande etapa de força. Dez, onze anos de trabalho, eu e Raquel. E todos nós ao mesmo tempo. Com perdas e ganhos. Com incompreensões e amor. Nós trabalhamos nesses onze anos no mesmo ritmo do Movimento. Com amor, amor, até chegarmos onde estamos hoje. Na verdade, eu acho que *Orí* é aquele iniciado. O Movimento iniciado que passou por todas as suas etapas de iniciação e reiniciação. E agora sugere ao país um ressurgimento. É um ressurgimento porque a concepção *Orí* dentro da história do Movimento Negro, dentro da história do Brasil, é sair da repressão. Sair da senzala e ir pro Quilombo. Isso individualmente. Mas pergunto: como o homem individualmente pode sobreviver sozinho numa floresta? Então, como se formou este grupo que foi Palmares, por exemplo? Formou-se no sentido da concepção que o africano já tinha de nação. O africano vem com as suas nações. Mesmo que fossem fragmentadas em alguns momentos, as nações guardavam seus nomes e reproduziam isso em formas mitológicas e simbólicas. E *Orí* é a palavra mais oculta porque é o homem, sou *Eu*. Porque é o indivíduo, a identidade. A identidade individual, coletiva, política, histórica. *Orí* é o novo nome da história do Brasil. *Orí* talvez seja o novo nome do Brasil. Esse nome criado por nós, a grande massa de oprimidos, reprimidos. Reprimidos antes, depois oprimidos, torturados. Transgressores. Aí nós estávamos órfãos. Então, organizamos esse Movimento durante esses quinze anos de *Orí*, que passa a acompanhar quando o Movimento procura o processo de institucionalização. Os passos abertos da fala. Do português do Brasil para buscar identidade nacional. Foi sempre assim que os negros fizeram a história do Brasil. Sempre reorganizaram a nação para que as coisas pudessem caminhar para a liberdade, a escolha. Para o livre-arbítrio, e não para o domínio do próprio arbítrio.

MARCHA DE 1988

JANUÁRIO GARCIA *Nós estamos aqui com a Beatriz Nascimento, pessoa que todos nós sabemos, dentro da comunidade negra, de modo geral, e eu a qualifico como uma das pessoas mais importantes dentro dessa atualidade, em nível de movimento negro. E, no entanto, ao mesmo tempo, é uma coisa triste, porque Beatriz... de repente a nova geração de militantes do movimento não tem conhecimento do valor do trabalho que ela já desenvolveu em nível de movimento negro no Brasil.*

E uma coisa importante é deixar aqui bem nítido que Beatriz foi uma pessoa que lutou só. Ela sempre foi uma pessoa que brigou sozinha, sem apoio de instituições, sem apoio de institutos... dessas coisas todas que hoje aí estão existindo... E, no entanto, quando essas entidades foram criadas, quando essas entidades tomaram corpo, e essas entidades hoje chegam às ruas, em nenhum momento se vê falar no nome de Beatriz Nascimento.

Essa entrevista é mais uma questão de a gente trazer a Beatriz de novo para o movimento, não quero dizer com isso

- Entrevista concedida a Enugbarijô Comunicações no Rio de Janeiro em 11 mai. 1988, realizada pelo fotógrafo Januário Garcia e pela cineasta Vik Birkbeck, com imagens de Ras Adauto, digitalização e reedição de Filó Filho para o Acervo Cultne. Permaneceu inédita até julho de 2021, quando foi divulgada pela Cultne.tv. Na entrevista, Beatriz Nascimento retorna aos temas nos quais enveredou por mais de uma década: escravidão, quilombo, Palmares/Serra da Barriga, fuga – e rememora, com muita sensibilidade, táticas adotadas pelo movimento negro durante o regime militar. Disponível em: youtu.be/6VmPjhOTozI. [N. O.]

que ela não está no movimento, que ela se afastou; o que eu quero dizer é que de repente a gente tem que colocar Beatriz no lugar em que ela sempre esteve, dentro do movimento, e trazer para essa nova geração o que representa Beatriz Nascimento em nível de cultura brasileira.

Então, Beatriz, a minha pergunta inicial é a seguinte: por que você não está em nível pessoal engajada dentro dessa luta atual do movimento?

BEATRIZ NASCIMENTO Como você disse, eu participei do movimento negro no seu início, na sua *advance*, e naquele momento eram necessárias pessoas como eu, como Eduardo de Oliveira e Oliveira... Era um momento muito difícil, um momento nacional muito difícil... Nós estávamos – você se lembra disso – em pleno AI-5. A partir de 1974, havia pouco trânsito entre as pessoas naquele período e era necessário que alguns indivíduos tomassem determinadas atitudes diante da questão racial, sem envolver muito os outros... no sentido de não colocar os outros em situação de perigo, porque nós vivíamos uma situação de perigo. Então nós começamos o debate. Eu, Eduardo de Oliveira e Oliveira, algumas outras pessoas que ainda estão no movimento, mas principalmente nós dois, que fizemos vários trabalhos em conjunto. Principalmente no Rio e em São Paulo. Trabalhamos muito bem no nível do escrever, do escrito, buscando tomar o lugar que éramos como professores, que nós éramos enquanto acadêmicos. Esse processo foi um processo, como você disse, muito importante... muito duro, inicialmente muito duro, mas eu me coloquei sempre dentro de uma atitude que eu acho que é a atitude dos nossos ancestrais, dos nossos antepassados, atitude, vamos dizer, de Zumbi: atitude de avançar no momento de grande perigo e recuar no momento em que os outros pudessem agir.

Então houve justamente toda essa tática, que eu às vezes falo, não brincando, mas seriamente, a "tática quilombola". Estar do lado, estar atrás e só estar na frente no momento em que as coisas realmente se tornem difíceis e haja necessidade da nossa presença na frente. E foi esse mais ou menos o processo que aconteceu.

Eu também fiquei muito envolvida em termos da tese que tenho que defender e continuo trabalhando, lutando nessa proposta de acompanhar determinadas pessoas, principalmente o pessoal que está em nível universitário, na Universidade Federal Fluminense... nessa tática. Nunca foi, para mim, importante ou necessário estar numa posição de poder dentro do movimento negro, porque eu acho que até esse momento ainda não é necessário esse papel de poder, e como eu trazia um discurso do preconceito racial, da discriminação racial, como eu acredito que o fato de um ou outra de nós estarmos hoje sendo representantes ou não representantes de alguns partidos, de algumas entidades do sistema geral, eu resolvi suportar essa situação realmente, que não é fácil, mas que também me traz grandes alegrias na medida em que é uma coisa escolhida por mim mesma, que é de esperar junto com o movimento, andar ao lado do movimento, na medida em que eu acho que já vivi o meu processo de estar na frente.

JG *Isso ficou muito caracterizado na marcha... a marcha, você esteve lá e as pessoas viram você na marcha, sabe? E me parece que ao mesmo tempo existe toda uma questão da reaproximação com você, das pessoas aí do movimento. Que, ao mesmo tempo, muita gente não sabe o papel importante que você teve. Eu acho que você foi a pessoa que realmente, de repente, nos anos 1970, você esteve aqui, você estava aqui, brigando aqui. Ao passo que muita gente ligada ao movimento, que hoje acham-se líderes, estavam fora, e você estava aqui dentro brigando. E quando você fala nessa tática de quilombola, a questão de Zumbi, existe uma outra pergunta. Na Serra da Barriga, em Alagoas, está sendo preparado o Memorial Zumbi, e no Memorial Zumbi existe um conselho geral, um conselho deliberativo de que muitas pessoas estão fazendo parte, e eu gostaria de saber: você faz parte desse conselho?*

BN Não.

JG *Tudo bem. Agora, eu pergunto a você uma outra questão muito importante a respeito exatamente do quilombo, que é uma das coisas que você é uma das pessoas que mais sabe disso no Brasil. Você é uma das pessoas que tem coisas incríveis escritas sobre isso. Eu pergunto a você o seguinte: como você vê essa questão do Memorial Zumbi, na Serra da Barriga, local em que o negro deflagrou aquela batalha incrível, que foi – como você mesma já disse – o primeiro estado livre das Américas, foi ali que foi deflagrado isso. E como você vê hoje essa peregrinação? Por exemplo, eu digo no seguinte sentido: dia 20 passado eu fui lá, agora, e uma das coisas que me chamou muita atenção foi uma faixa da Coca-Cola saudando todos os peregrinos que chegaram ao topo da Serra. Como você vê isso tudo, Beatriz, na medida que você sabe da importância que tem aquele lugar, da religiosidade, da energia daqueles que tombaram naquele lugar. Como é que você vê isso?*

BN Olha, eu acho que só as coisas que a gente vê... não tem nem como se colocar. Porque eu acho, Januário, que é o mundo moderno, é o mundo da ordem social. De repente, nós não po-

demos dizer "sou contra ou a favor de ter uma faixa de Coca-
-Cola" ou seja o que for, a gente não pode dizer se é contra ou
a favor de que a Serra da Barriga hoje seja patrimônio. Eu sou a
favor de que seja um patrimônio nacional. Parece que está em
projeto ou já é patrimônio da nação. Mas eu digo a você, a nossa
ida inicial à Serra da Barriga era uma ideia do encontro dessas
pessoas, desses peregrinos lá, sem nenhuma referência desse
mundo moderno. A única referência do mundo moderno que
poderia estar lá seríamos nós, enquanto pessoas brasileiras,
enquanto pessoas que estamos simpatizando, militando esse
movimento social da sociedade brasileira que é o movimento
negro. Eu acho que eu me chocaria se visse. Eu não vejo o registro Coca-Cola relacionado muito com a figura que eu tenho
em minha mente e meu coração de Zumbi dos Palmares, nem
nas coisas que eu escrevi, que eu li, que eu pesquiso ainda sobre o que é o quilombo. Agora, eu posso lhe dizer uma coisa
que se fala muito hoje: Zumbi era um homem democrático!
Então talvez, não sei, como ele recebeu pessoas dentro de seu
quilombo, recebeu manifestações dentro de seu quilombo que
não eram necessariamente da sua própria ortodoxia, dos seus
próprios dogmas... Talvez ele aceitasse a Coca-Cola, agora. Mas
eu penso também naquele Zumbi que, quando o rei de Portugal sugere, exige, pede, suplica que ele venha fazer a paz após
Ganga Zumba, ao invés de aceitar a paz, ele internaliza cada
vez mais o quilombo, interioriza cada vez mais o quilombo na
sua migração de marcha de retorno, e destaca os seus principais
capitães para destruir o Quilombo de Ganga Zumba, para não
deixar entrar justamente em Palmares esses símbolos e esses
signos de dominação, que seria, no caso, no século XVII, o próprio edital do rei de Portugal, a própria paz de Ganga Zumba,
que foi escrita nesse momento. Então, eu acho que Zumbi, pelo

menos o Zumbi que eu entendo, não iria expulsar a Coca-Cola, mas acho que ele teria, como qualquer quilombola, outra alternativa, e não essa alternativa de ter uma multinacional, indicando e ajudando os descendentes dele a subirem até aquela esponja, onde ainda está, no fundo da terra, no amálgama da terra, o sangue dos palmarinos, que parte do sangue que corre em todas as nossas veias.

VIK BIRKBECK *Beatriz, uma das coisas que me interessa muito, que eu observo muito, eu sinto que todas as mulheres na cultura africana são grandes guerreiras... Oxum, Iansã, são figuras guerreiras. Eu sinto que na cultura africana em geral, na cultura que veio para o Brasil, a mulher é uma figura muito forte, enquanto na "coisa" branca, é a Verônica que enxuga o rosto do Cristo, é a auxiliadora, é uma figura sempre dependente. Eu sinto que essa história, essa "coisa" guerreira, é uma coisa que corre meio subterraneamente na cultura, é uma coisa que não é reconhecida pelos negros.*

Eu li uma coisa que você escreveu sobre a Xica da Silva, a sua revolta contra a mulher negra colocada assim pelo meio cinematográfico. Agora tá rolando o Zumbi dos Palmares, eu vejo que é muito em volta da figura "homem". Eu queria saber o que você pensa dessa coisa guerreira mesmo, da mulher?

BN Em toda ideologia que nos é passada pelas religiões afro-brasileiras, as figuras femininas são, como você diz, guerreiras, ou guerreiras, eu diria, mais no sentido de mulheres mais fortes. Isso tem toda uma relação com a própria origem da mulher no passado africano, eu não sei se é assim a África no momento. Mas a mulher tem um papel na África fundamental por ser origem, exatamente, a origem da vida. É origem do que é fecundo, de onde é possível fecundar uma semente. E a mulher negra, em

155

vários momentos da história do Brasil, saindo da África, saindo das entidades, vindo para a história mesmo, são mulheres de grande poder, de grande força... esse lado de auxiliadora ela também tem, esse lado de ternura ela também tem, esse lado de feminilidade. O que passa muito para a gente, é que não só dentro das entidades do Candomblé, não somente a mulher, as mulheres, as grandes mães da cultura africana e negra, elas têm essa força, esse elemento de dar a vida, que é o elemento feminino, mas também ela passa isso para as próprias entidades ditas masculinas.

E, realmente, essa questão de como foi mostrada a Xica da Silva, tem uma série de variáveis nesse problema. Uma delas é que foi mostrado realmente um estereótipo, um estereótipo calcado em outro estereótipo que era a Xica da Silva vista pela literatura, a Xica da Silva vista pela história, pela oralidade histórica, e por alguns documentos em que ela está de passagem, é uma mulher nesse sentido de guerreira; ela faz alianças, ela estabelece alianças com aquele contratador... mas são alianças justamente em função da manutenção do controle da região que o grupo dela, um grupo de negros, estava controlando antes. Então é uma coisa difícil, porque na nossa sociedade, modernamente, se passa muito ou a mulher como um estereótipo frágil, que é o caso de Xica da Silva, que mostra sua própria fragilidade na agressão, na agressão sexual, na agressão em relação à sua classe, e se tira justamente essa força do poder feminino – essa coisa guerreira de que você fala, que é o elemento feminino, e traz sempre um estereótipo, ou da mãe preta ou da Xica da Silva, mulheres em que a vida, a sexualidade são coisas que ela usa simplesmente para um poder que reproduz o poder do homem, não do "sexo homem", mas esse homem estereotipado pelo próprio poder, pela própria dominação.

Então o importante é ver que, embora apareçam nas outras ideologias, nas outras religiões, nas outras histórias, essas mulheres como Verônica etc., as chamadas auxiliadoras, as Marias, as Madalenas, mas de qualquer jeito ela sempre vai passar uma figura forte, uma figura de poder. É uma figura que fica ao lado, uma figura que fica atrás, e não uma figura que fica na frente. Esse é o sentido realmente do feminino.

O outro é aquele que está ao seu lado, o outro é aquele que você segura, o outro é aquele, inclusive em termos de posição de mãos, é aquele que você suporta. O outro é aquele que você conduz. O outro não é aquele a quem você se sobrepõe. Isso é justamente a atitude, o comportamento, o *ethos* da mulher, de todas as mulheres no mundo inteiro, e que no contexto africano e no contexto brasileiro nos vêm, pela ideologia, pelas entidades, mostrando Oxum e todas essas mulheres como mulheres extremamente fortes, extremamente guerreiras, como você disse, extremamente capazes de levar uma situação, fazer uma situação e mudar uma situação. E também, voltando a insistir com essa compreensão da guerra de movimento de Palmares, da concepção do que é o quilombo. A gente pode dizer tudo sobre o quilombo, é uma democracia, é uma organização social, é isso, é aquilo, é uma brecha no sistema.

Para mim, desde o momento que, com dezessete anos, eu comecei a pesquisar Palmares, Zumbi, principalmente, o que foi me chamando a atenção, principalmente, foi a fuga. A fuga no sentido quase musical da palavra. O momento em que você se sente com total controle, em que não necessariamente você precisa fugir para outro espaço, foge dentro daquele espaço, para entrar talvez, vamos dizer, numa légua adiante ou numa dádiva adiante. Eu acho que vocês entendem muito bem isso, porque vocês são artistas.

Voltando à questão, a mulher tem isso... a mulher, quando o filho nasce... Eu sempre conversei muito com companheiras minhas, e quando minha filha nasceu, o momento que ela nasceu foi para mim primeiro um pânico, pânico no sentido bonito, sentido quase teratológico do pânico, porque era um outro ser. Eu não sou a mãe, ela não é minha filha. Ela é um outro ser, incrível como eu consegui, como nós conseguimos que esse ser nascesse. E nesse momento se estabeleceu para mim essa coisa que é da fuga, que é de Zumbi: a separação, a democracia de Zumbi. O Quilombo de Zumbi só é possível porque todos são todos, todos são um, e quando deixa de ser um se estabelece sempre quem vai representar todos, por ser o mais forte, por ser o mais capaz, por ser o de maior saber. Não é porque tomou o poder, não é porque está com raiva de alguém e vai lá e toma, não é um lugar determinado a você por sua origem, é um lugar que você conquista, nesse processo da fuga, e mostrar aos outros como você sabe que o outro está falando alto, irritado, e você se cala, como o outro está nervoso e você se acalma, e olha pro outro, e o outro vai perceber que você está calmo, e vai se acalmar.

Uma série de mecanismos que o Quilombo de Palmares mostra, por exemplo: ficar na frente e dizer que tem milhões, e só ter cinco. Ficar atrás e dizer que só tem cinco, e ter milhões. Sempre essa dinâmica, que é a dinâmica da fuga, a dinâmica que é muito da concepção da mulher, que é alguém, uma pessoa, que todo mundo quando fala do feminismo, não sei o que lá, quer que a gente se pareça com o homem, seja essa guerreira homem, e nós somos uma guerreira diferente. Nós temos uma concepção de guerra que eu acho que é parecida com essa concepção de guerra do quilombo. A guerra está existindo, mas nós estamos cuidando dos filhos, cuidando da plantação, cuidando disso, cuidando das armas.

Por exemplo, num outro quilombo que tem em Minas, as mulheres iam pras minas enquanto os homens iam guerrear, elas iam pegar no pesado dessa mina enquanto os homens iam guerrear. Em determinado momento os homens tinham que se esconder e elas continuavam a guerra, como frente, no Quilombo do Ambrósio, no oeste de Minas.

Toda essa questão que a gente se coloca, que estamos colocando agora de mim diante do movimento negro, de nós mulheres. Eu acho que a tática pra você criticar essa sociedade que está aí é você agir da forma que a sociedade quer lhe impedir de agir porque é a mais sábia, quer lhe impedir de agir porque pensa que lhe destrói, pensa que vai conseguir te derrotar, quer lhe impedir de agir justamente para que você, de repente, não surja, ou então que você passe na frente e seja como eles organizaram que deve ser.

Eu não tenho nada contra quem está aí nisso. Eu acho que tudo que está se fazendo movimento no momento é válido em todos os sentidos, só que eu procuro às vezes até catequizar algumas pessoas que estão ao meu lado, isso quando eu tenho condições de falar... Olha, eu não estou aí, há outras razões, há muitas razões, mas a primeira coisa que eu senti diante do movimento negro foi isso: antes que todos passem, eu não quero passar.

JG *Eu acho que uma grande parte, como já disse você, do pessoal do movimento negro, não tem o conhecimento histórico do que é, do que foi o negro na sociedade brasileira.*

BN Você diz histórico no sentido da história escrita? É, eu vou lhe dizer seriamente, a história escrita não diz. Não diz.

Um dos grandes problemas no momento que eu estou vivendo na minha tese é justamente o que chamam na história de "a falta da documentação". Eu estou trabalhando com quilombos e a documentação é falhíssima. Primeiro, a documentação é a documentação escrita pelo opressor, e no momento da repressão ao quilombo. Você vê, por exemplo, a primeira notícia sobre Quilombo de Palmares, em 1559, logo depois da primeira grande partida de açúcar do Brasil para a Europa. 1550... 1559, a primeira notícia de quilombo na capitania de Pernambuco, deve ser no Quilombo dos Palmares. Mas aí você vem procurando documentos, talvez sobre Palmares tenha mais, porque durante o Quilombo de Palmares, praticamente a economia do Brasil está parada: a capitania de Pernambuco, a invasão holandesa. Agora, do resto você não tem.

E o que você tem muito é como essa história está sendo escrita pelo branco, eternamente pelo branco. Sempre pelo branco. Quem de nós negros escreveu? Edson Carneiro escreveu sobre Palmares, mas escreveu a partir de quem? A partir de Nina [Rodrigues], a partir de Rocha Pombo, a partir de [Rocha] Pita, e uma série de autores brancos. Você também, nós também, o próprio historiador, mesmo com a melhor das intenções, o branco, ele tem a dificuldade da própria autocensura ao escrever. Depois, também, há a questão de que vai ter que repetir o que já está escrito. A história não aceita o novo, a não ser que você realmente encontre um documento original, mas para você escrever sobre o documento original, você tem que partir de: "O negro veio da África para ser escravo, porque o índio era mais rebelde, porque o índio...". É uma mentira! Você vai ver o índio escravizado, você vai ver o índio massacrado. A história do Brasil, principalmente a do Brasil, é esquizofrênica! No mesmo momento que ela está dizendo, nós estamos vendo agora... agora o tráfico negreiro, nós estamos debatendo. Nós, no movimento negro, já estamos com essa história mais ou menos escrita, mas continua-se publicando isso, e quando se fala de nós quilombolas, nos diz "os fugidos", ou seja, é um conceito pejorativo. Quando eu falei "fuga" naquele momento, é fuga nesse sentido, mas não no sentido de fugido. Fugido por quê? Quem era o dono dele? Só se um homem reconhece que o outro é dono dele é que ele foge da relação. O escravo, graças a Deus, tinha condições de não reconhecer o senhor como dono da pessoa dele.

Daí vem a história do Brasil, toda assim... Não é o movimento negro, todo brasileiro não sabe da sua história, porque ele não consegue nem ter condições de captar essa história. Porque em um capítulo se escreve que o índio era mais rebelde, que o índio não se adaptou porque não era sedentário e o negro, sim. E, quando ele diz "o negro, sim", eles esquecem que esse negro vem dessa costa toda até o Leste. Existiam negros ali também que nunca tinham sido sedentários, aqueles negros ali de Mali, aqui mesmo em Angola, aí próximo ao Zaire... Existem não sei quantas etnias que eram caçadoras também, que eram nômades. São poucos os grupos na África no momento sedentário.

As pessoas marxistas de melhor noção dizem o seguinte: o negro vinha de uma sociedade que não era comunidade primitiva, enquanto o índio era de comunidade primitiva. E você pergunta, mas que índio? Porque o índio que está no Inca não era comunidade primitiva, o inca não era comunidade primitiva, o asteca não era comunidade primitiva.

JG *Em função da ideologia com que o cara chega, achando que a cultura dele, o domínio dele, a língua dele é que tem que prevalecer.*

BN Porque tem que ter esse arcabouço ideológico que diz que ele, o colonizador, era o civilizador. Embora tenha pelo menos duas grandes civilizações só na América, e quantas civilizações existiam na África... E como é que eles conseguem?

Outro dia eu estava dando uma aula e mostrando a história da conquista portuguesa em Angola. Depois a gente pode falar noutra hora sobre isso... Eu dizia para os jovens de 25, 22 anos... É possível vocês abrirem o livro e ver: "O negro foi capturado". Eu disse que nós não éramos imbecis, nós éramos caçadores, a gente sente o cheiro do veado, do leão, do palanca, de todos os animais, como é que a gente não sente o cheiro... O caçador africano não sentia o cheiro do outro homem, e um outro homem diferente? A primeira coisa que iria... E você vê *Roots/ Raízes* [1977], o cinema reproduzir, como *Xica da Silva* [1976], reproduzir isso em cima da cabeça dos nossos filhos. Nós fomos capturados. E eu pergunto: e o rei do Congo vendendo? E o rei de Mali vendendo os escravos? Que captura é essa?

Não estou dizendo que não houve captura, pode ter havido, porque não é absoluta a situação de povos de África, nem era absoluta a situação de povos da América. Mas como se diz para uma criança, e até que ela chegue na nossa idade e faça um novo movimento, um novo movimento de mulher, de negra, não sei o quê, vai ser dito para nossos filhos, ainda, que os angolanos eram mais fortes, eram sedentários, e já coloca como se fossem melhores, seres mais civilizados do que os aimorés e do que os tamoios, e essa criança depois vai estudar América Latina, e ela vai ver inca e a cabeça dela pira, e até hoje criança brasileira não suporta a história, até hoje brasileiro não suporta a história. Por quê? Porque é esquizoide, é esquizofrênica.

Porque quando diz "capturavam o negro e o índio era incapaz ou era mais rebelde", aí você vê Montezuma, você vê o inca, você vê os astecas, que chegaram cheios de ouro, que tinham pirâmides de ouro, que tinham o maior desenvolvimento astronômico, só comparável ao Egito, e isso não entra na história. Ninguém, Januário, é capaz de fazer um estudo pequenininho. Talvez eu esteja fazendo minha própria crítica, pequenininho, mostrando isso. Aliás, acho que eu tenho essa semana para descansar... Porque eu fico, realmente... Não dá para dizer tudo, porque a mente das pessoas não suporta. Nossa mente é muito de captação censurada, então como a gente vai recuperar essa história toda? Só se nós fizermos uma grande sociedade secreta, nos organizarmos, mas ninguém está a fim disso, como você disse mesmo, todo mundo está a fim de financiamento, e ninguém vai financiar um tipo de coisa dessa, porque você vai fazer secretamente. E você realmente vai tentar fazer um livro capaz de não ir para universidade. E dizer não! Você está reprovado aqui porque isso não está no documento... E se não está no documento, você diz "mas está em tal lugar", mas se não está em tal lugar, você não pode provar. A academia te corta, te corta mesmo.

JG *Mas eu sinto que essa negra, ela surge, ela não é colocada assim diretamente.*

Outro dia, nós estávamos numa reunião, e uma moça estava lá, negra por sinal, dizendo que ela tinha tirado dez em geografia, e que foi uma das maiores notas da sala, e que o professor chamou e disse para ela o seguinte: comigo não tem nada disso não, tirou dez eu dou dez.

BN O que é que está implícito nisso? Não é nem implícito; é explícito. É uma coisa realmente muito difícil.

Voltando a essa questão, da história... Eu tenho uma certa paz. Eu entro em ansiedade um pouco, mas eu tenho uma certa paz. Na medida em que a gente possa trocar essas experiências e cada um, aquela coisa do quilombo, se cada um puder fiscalizar um pouco, fiscalizar no sentido que Cacá Diegues me chamou mesmo, "patrulha ideológica". Eu sou patrulha ideológica. Ele me chamou de patrulha ideológica, eu aceito, achei lindo. Porque é realmente patrulhar. Patrulhar – às vezes é difícil porque você, como está envolvida emocionalmente, com a coisa, você agride um pouco.

Como foi outro dia, uma pessoa me mostrou um texto e começava assim, essa coisa do índio e do negro, que foi uma das coisas que mais perturbou a minha geração, porque ao lado disso nós tínhamos que ler Gonçalves Dias, e tal tal tal... E o índio sempre era o novo homem do Brasil, o novo homem que surgiu ali, e nós éramos aqueles engraçados, interessantes, bonitos, estamos dando a cultura ao Brasil. Mas nós, fisicamente, não temos sentido, porque nós não conseguimos ser o ideal, nós não centramos na ideologia positiva da nação.

É interessante como outro dia eu estava com uma pessoa de alto nível. Quer dizer, amiga, porque é amiga de pessoas amigas, pessoa conhecida, alta cabeça, trabalha com bioenergética, não sei o quê, é médica, e disse, falando qualquer coisa: "Você gosta de religiões, de filosofia? Porque o escravo era ralé". A pessoa falando de pessoas atuais que são descendentes de escravos, falando comigo que sou descendente de escravos, e é ralé. Eu tenho dois níveis de reações nesse momento. A primeira reação é calar. Calar. Calar e pensar assim: não é possível que ela não esteja percebendo. Se a pessoa percebeu, daqui a pouco vai me pedir desculpas. E eu disse: "Não, não me peça desculpas. Porque eu sei quem eu sou, eu só acho que você não deve dizer mais isso em relação aos outros, aos outros. A mim, tanto faz, porque eu não sou ralé".

Mas você está percebendo o discurso ideológico? Há um conceito dentro do quilombo chamado "paz quilombola".

A guerra está, a guerra existe, mas mesmo dentro da guerra, para a guerra, é necessária a paz. A paz seria como o espelho, o contraponto da guerra, dentro da própria guerra. Então você tem razão, esse estado de estar guerreiro significa o estado de estar em paz, porque, você estando em paz, é aquela coisa mais ou menos do judô, você está esperando o agressor, e claro, você vai derrotar o agressor se você estiver em paz.

JG *A gente viu aqui, nesses poucos minutos, o que representa Beatriz do Nascimento. E, nesse momento, perante aqui a ela, em nome de um militante da luta do movimento negro, eu quero agradecer a ela por tudo aquilo que aprendi e me conscientizei através dos escritos, das palavras e da presença dela. Hoje, na medida em que eu estou na luta do movimento, essa luta tem muito de Beatriz do Nascimento. Muito obrigado, Beatriz!*

BN Há um nível de felicidade, de amor, de ternura, em relação ao movimento negro, em relação às palavras que Januário está dizendo. Eu não quero falar um discurso de falsa modéstia, eu quero dizer a Januário, a você, Adauto, a você que está aqui comigo, e a todo mundo, que é em um momento como esse que se estabelecem em mim as entidades da nossa ideologia, do nosso mundo. A nossa Oxum, a nossa Iansã, a nossa Nanã, nossas mães, de todas as culturas do mundo, que acho que no momento a grande ansiedade, a grande busca de outras mulheres...

PROSA

MEU NEGRO INTERNO

Segundo a interpretação mitológica da origem do homem, ele conseguiu a sabedoria a partir de um crime, o de subtraí-la aos deuses. Em princípio o conhecimento é verdade a todo animal, é o tesouro secreto dos seres onipotentes. Somente um animal teve a pretensão maior justamente de negar essa sua condição, e o faz através do conhecimento de si próprio.

Essa faculdade de conhecer, que lhe fora vedada em algum tempo remoto, e que ele usurpou – e hoje em dia de maneira indecente –, segundo ainda aquelas fontes, trará de encontro ao animal presunçoso e enlouquecido o sofrimento e a procura milenar da felicidade perdida. Pena imposta pelos deuses...

Profundamente consciente e conciliada com o aspecto trágico da vida humana, aceito sem maiores cuidados toda e qualquer explicação onde a origem do conhecimento esteja relacionada à perda da felicidade e ao pacto que o homem estabeleceu com o sofrimento. De todo o conhecimento que o homem busca, o autoconhecimento me parece aquele que jus-

---

■ Escrito em 1974, traduzido em 1978 pela jornalista e crítica musical estadunidense Carol Cooper. Publicado no jornal *Village Voice* de New York em 17 mar. 1981 com o título "The Negro Inside". Ficou inédito em português até ser publicado em coletânea de poemas, ensaios e aforismos (cf. Nascimento, 2015). A exemplo de outros textos desta seção da coletânea, traz a imbricação entre corpo e espaço, raça, gênero e classe, assim como as dimensões individuais e coletivas da memória do escravismo e as implicações do racismo, inclusive na subjetividade. [N. O.]

tifica o que diz a nossa tradição. Tem-se que expiar tal crime. Isso me diz muito respeito, na medida em que me aprofundo nas origens das relações inter-raciais no Brasil, e nas implicações dessas na psique do homem negro.

Tomando inescrupulosamente como cobaia eu mesma, isto é, partindo da minha experiência, e da dos negros mais ligados a mim – minha família, amigos, companheiros de ônibus, nas ruas, nos estabelecimentos –, tento chegar o mais perto de como subjetivamente reagimos diante de uma realidade tão opressora; de como resolvemos as questões que nos fustigam, hoje, nossas mentes, ontem nossos corpos. Quando pretendo explicar o que se produziu em quatro séculos de repressão, de ausência de ser, vejo somente uma imensa amnésia coletiva que nos faz sofrer brutalmente. Essa amnésia coletiva começou a surgir a partir de um porão de um navio negreiro qualquer, e no nível social, sabemos ou intuímos o que ela produziu. Mas, e interiormente? Como, por exemplo, ela se apresenta em nível individual numa cidade como o Rio de Janeiro, onde a desagregação secular junta-se àquela provocada pelo fenômeno urbano na grande cidade?

Uma das formas pela qual a amnésia se apresenta traduz-se num certo comportamento dócil (dizem que o negro no Brasil ficou entre quilombola e os que se revoltaram pela tomada de poder – logo sobrou um tipo dócil... falácias!), um comportamento afável, alegre, aparentemente despreocupado. Uma outra forma é caracterizada por um sofrimento visível, através de atitudes hostis, francamente antissociais, entretanto vulnerável a qualquer expressão afetiva vinda do exterior. Outra, ainda, aparenta um certo despojamento, que ultimamente as pessoas querem rotular como sendo uma liberdade inata que possuímos, e com isso tentam estabelecer as linhas-mestre do que dizem ser a "cultura do negro", ou seja, estabelecem um "behaviorismo" simplista e "folclórico", pois na realidade esses tipos de comportamento têm por trás um inconsciente esmagado pelo sofrimento ancestral e atual: a memória do negreiro, a solidão antiga, a ausência de identidade. Ah!... e tem a minha amnésia. Ela é a reunião de todas essas com mais uma: mergulhar na busca da explicação, do temível conhecimento do negro brasileiro.

Para alguém que faça parte de outro grupo racial, isso poderia ser uma tarefa pesada, mas não vital. Para um negro, ela é vital e aterradora. É como se de repente você estivesse nos anos 1600, cortando cana num canavial, os pés presos a correntes, à noite fosse arrancado do batuque e levado para ser açoitado, enquanto seus companheiros batiam mais alto os atabaques, como se chorando com você e por você. Depois, sob o efeito da amnésia, dividir com o senhor o amor de si mesmo. Acredito que cada vez que se fazia amor com um senhor, parte do amor ia morrendo, ou se cristalizando em alguma parte do corpo doído, ao lado das outras partes traumatizadas pelo facão, a corrente, o chicote. Ficava ali esquecida... Está aqui esquecida... E quando revolvo o nosso passado, todas essas dores são acordadas e irrompem vertiginosas, sem me dar tréguas. Não querem mais ser esquecidas. Querem me mostrar porque o negro brasileiro permanece como se tivesse recentemente saído do negreiro, perdido de si mesmo, das suas coisas, dos seus, como ausências contundentes na sociedade "racialmente democrática".

Nessa sociedade acontecem muitos fatos assim, por exemplo: eu me encontro num mercado e ao lado uma mulher branca, jovem como eu. O vendedor entregou a mercadoria à moça, dando-lhe o troco agradecendo e ao mesmo tempo com mesura. Volta-se para mim, repete o mesmo ritual, mas ao final declara: "Maria, não esqueça a nota (fiscal) para não ter problemas com a patroa". A nota ficou em sua mão, tranquei-me o resto do dia em casa. Por quê?

Em inícios de abril deste ano procurei um psicanalista (àqueles leitores que por acaso acharem que eu deveria procurar um pai de santo, recomendo-lhes que leiam os dois artigos que publiquei na Revista *Vozes*, janeiro/fevereiro de 1974, e setembro do mesmo ano; ou então reflitam sobre sua vontade de ver o negro, como pessoa, participando ao seu lado na sociedade). Procurei esse analista por ser um amigo e lhe expus todos os problemas que sentia em função da discriminação racial. Discutindo os aspectos psíquicos do preconceito no indivíduo discriminado, em mim particularmente. A certa altura meu amigo fez uma interpretação que achei interessante, e sobre a qual passei a refletir profundamente, como um achado.

Pergunto-me até que ponto o "negro" a que me referia não era mais discriminado por mim mesma; se ele não era maior dentro de mim. Se a criatura rejeitada, agredida, infeliz, não estava sofrendo tudo isso de mim. Em suas palavras – "até que ponto não havia internalizado a discriminação da qual me queixava"? Ressalte-se que ele não negava a discriminação vinda de fora, da sociedade, não atenuava o que eu sofria vindo dos brancos. "Mas", argumentava ele, "eu não estaria também agredindo muito, justamente, o 'negro dentro de mim'?".

Anuí. Era possível. Tinha-lhe dito antes que me encontrava confusa, pois em dado momento muitas coisas em mim estavam misturadas, me encontrava com dificuldade de continuar o trabalho sobre o negro, o qual me propusera fazer. Tinha-o feito analisar justamente um artigo em que eu assumia, diante de um branco, que como ele era preconceituoso em relação ao negro, o negro só tinha uma saída, medíocre, mas honesta: ser complexado. Era possível que o analista estivesse com razão, estava em mim resolver os problemas levantados.

Despedimo-nos. Saí do consultório refletindo no "negro" dentro de mim, refletia nos seus conflitos com a moça "pequeno-burguesa", ex-operária, hoje professora secundária, casada e separada de um arquiteto negro e mãe de uma criança negra. Essa mulher, por vários motivos, não se encontrava ajustada a tudo isso, a essa ascensão social e cultural; percebera que um dos motivos, o maior talvez, fosse ter reconhecido que a maioria dos negros no Brasil continuam passando as mesmas vicissitudes impostas pela pobreza, pelo obscurantismo, confinados socialmente. Percebia também que dentro de si, apesar de toda a aparente felicidade que todas aquelas aquisições pareciam trazer-lhe, sofria exatamente igual a qualquer negro das classes mais baixas.

Ora, se o sofrimento que vinha tendo ultimamente, provocado pela discriminação, que agora me parecia muito maior do que antes, era uma questão relacionada à minha fantasia interna, a uma agressão a mim mesma, como diria o psiquiatra. Eu mesma resolveria. Faria análise.

Caminhava pensando: eu devo estar vendo ainda fantasmas de infância. Afinal, os "teóricos" de todas as coisas, os conhecedores do oprimido, os que têm a solução para o problema social nos livros, nos bancos escolares, nas mesas de bar, dizem que não há uma questão racial. Há uma questão socioeconômica no Brasil.

Nessas alturas caminhava pelas ruas de Copacabana e começava a abrir um pouco de minha boa-vontade e concordar com eles. Ao meu redor, babás, porteiros, serviçais domésticos, carregadores de caminhão, homens em um carro de coleta de lixo, engraxates, pivetes, bailam na faina do grande bairro. Que espetáculo! Todos eles eram negros (ou quase todos), felizes, pois mesmo trabalhando o negro parece dançar, lépido, sorridente, principalmente aquela babá ali, de uniforme branco, com um menino quase da cor do seu uniforme – mãe preta em versão 1974. Caminhava e pensava: somos realmente um povo alegre, talvez o único alegre em todo o mundo, a única raça que dá alegria, amor, música, poesia, paz espiritual... a troco de nada, ou do sorriso no rosto, ou daquele uniforme branco...

... é, o problema é mesmo de natureza socioeconômica, o preconceito racial é uma das questões vinculadas à origem de classe. Dissolvidas as classes (não sei quando, nem como), tudo estará resolvido. Se aquela babá que passou agora por mim com um menino branco tem algum conflito devido à sua condição, deve ser porque o "negro interno" dela é muito maior do que o de fora. Ela é quem se faz sofrer, porque um dia ela deixará de ser babá. Com o desenvolvimento do país, o maior acesso aos bens, o preconceito será diluído, ou então quando vier a revolução social. Para não esquecer nenhum detalhe pregado pelos "teóricos". O sofrimento do negro independe da raça, ele sofre a mesma discriminação do branco pobre. O negro é depreciado porque na sua maioria possui um baixo poder aquisitivo. O racismo acabará, basta que o negro se alfabetize, cada vez mais ascenda de classe, case-se inter-racialmente etc.

A noite de Copacabana caminhava em sentido contrário a mim, havia uma agitação típica e ao mesmo tempo abrangedora, proximidade de gente. Nada me parecia hostil. Andava no meu elemento. Pensava com certa paz no que me dissera meu amigo especialista em psiquês. Brilhante os analistas! Ele tinha toda a razão quanto ao meu "negro interno". Afinal, eu fora educada, ascendi de classe não para ser negra, mas para me "igualar ao branco", não para ser gente, mas para o "branco me aceitar", "para poder entrar nos lugares que negro não entra" (embora não seja proibido), para ser um "exemplar" que daria a medida certa da harmonia das raças no Brasil. Um "exemplar". Fui formada pelo consenso social nos bancos escolares para demonstrar que, apesar de tudo, venci na vida "mostrando superioridade". Jogando o meu negro fora. Que mais queria eu? Principalmente depois da explicação dos "teóricos brancos do poder negro no Brasil"; depois que a "cultura do negro" virou a última badalação. Ser negro "culturalmente" é status para alguns brancos que eu conheço.

Existia realmente um "negro dentro de mim" maior, estupendamente maior que o de fora, mas ele permanecia negando o "direito" de ingressar na "democracia racial brasileira". Por que ele não me deixava aceitar essa facilidade que agora me ofereciam, não deixava que eu agradecesse os sorrisos de boa vontade, as caras de espanto que as pessoas a todo momento demonstram, confraternizando-se com meu "esforço". Porque ele exigia que eu o exibisse ferido, açoitado, roto, tonto de banzo, febril, indomado, me puxando para longe de volta no tempo da história, no solo de um continente que não é mais meu. Esse era o negro ao qual meu amigo se referia, dizendo-me: "Cabe a você resolver tudo isso. Não será que você o faz maior do que as outras pessoas?".

Me sentia na rua um pouco eufórica por poder pensar calmamente no "meu negro", amá-lo, exibi-lo aos transeuntes, sem medo. Fora de mim existia um negro maltratado, que passa fome, que vive nas piores condições de sobrevivência. A mulher negra está sozinha, prostituindo-se, serviçal doméstica ainda nos moldes coloniais. Mas eles são os outros! Os brancos pobres também estão na mesma situação e não conheço nenhum branco de classe média que vá ao analista porque os outros vivem na miséria. Caraminholas da minha cabeça essa de existir preconceito racial.

Exibi meu "negro" alguns quarteirões abaixo do consultório médico, passeei com ele, subi as escadas de um edifício, onde morava uma amiga a quem ia visitar. De repente, um chamado impertinente. Em voz alta o porteiro do prédio, dedo em riste acusou: "A entrada de serviço é por ali, crioula...". Fiquei alguns segundos, longos, sem entender, ouvindo aquele chamado de muito longe, como se um passado interrompesse na cena até então maravilhosa, que era a de eu estar reconciliada com o "meu negro interno". Aos poucos percebi que não era um passado, era uma realidade, fria e agressiva. Estava absorta até ali, em viver com o "meu negro" aqueles momentos de felicidade. Chegamos juntos até ali sem eu ter de mandá-lo recolher-se ao seu lugar, e pôr minha máscara de professora-bem-sucedida- -na-vida. Respirávamos os dois a atmosfera de liberdade, pois descobríramos que sua liberdade dependia somente de mim, e eu não iria negá-la, embora sabendo que ele era profundamente vulnerável. De vez em quando, sem aviso, começava a implicar com os lugares, as coisas, as pessoas, fazendo-me perceber que havia hostilidade contra ele, por ser ele negro. Isso quando todo o mundo dizia que era um problema social a discriminação. Teimava sempre em dizer não.

Naquele dia, entretanto, ele se convencera muito rapidamente. Eu tinha uma explicação deveras convincente, reforçada por uma teoria respeitável, que reconhecia a realidade externa dele; não houve desmentidos; não foi dito que ele andava vendo coisas demais. E consolara-se, sobretudo porque a discriminação partia de mim. A vantagem é enorme quando se conhece o inimigo, e quando esse inimigo está disposto a reconciliar-se... Conhecíamo-nos bastante, portanto, poderíamos continuar juntos. Amávamo-nos... era o essencial.

Entretanto, "ele" exagerou. Fez-se desatento, sabendo-se muito frágil. Ao ouvir o homem aos berros, sua postura indecorosa, o dedo em riste, não teve tempo de reagir, de me despertar o disfarce (uma de suas defesas mais utilizadas: "faz-de-conta-que-você-é-superior"). Por isso fiquei algum tempo olhando o homem, que já começava a enfurecer-se: "A entrada de serviço é por ali...", repetia. Com calma expliquei-lhe que era amiga da moradora do prédio e não empregada. Agastado o homem replicou: "Também não vou adivinhar, não é? Não sou adivinho". Concordei.

Só, no elevador, "ele" voltou, humilhado, encolhido de encontro ao meu peito... um nó. Agora eu sabia o que sentia enquanto o homem falava – era náusea. O nó apertava-se numa ânsia. Ele queria sair, e lutava comigo. Veio um espasmo de vômito, mas saiu um choro, um choro de criança e muitas lembranças. A coisa sempre repetida. Na escola ainda acreditava que um dia não seria mais zombada, que aquele medo ia passar, que os olhares hostis, as piadinhas, as demonstrações de desprezo ou indiferença e descrença, como se eu não existisse ali como as outras pessoas, fossem somente por causa de minha condição de menina pobre no subúrbio. Já nessa época me perguntava por que aquela preocupação de igualar-se aos brancos. Por que de vez em quando um professor vinha e falava da aceitação do negro pelo branco, e se dava ares de profeta? O que havia de errado e destoante por ser de outra cor?

Como um filme que voltasse no tempo, revivi meus anos de universidade, as decepções, a presteza das propostas "esclarecedoras" do grupo de colegas. Talvez pela primeira vez vivenciasse a "aceitação": uma só entre muitos, "querida de todos pela estranheza". Ninguém perguntava, ninguém queria saber. Já sabiam tudo sobre a origem de classe. Eu era uma negra brasileira, pobre. Todos sabiam o que eu deveria fazer, o que eu deveria querer.

Eu deveria ser a negação ou a aceitação de alguma coisa deles e não eu. Nessa época, às vezes o nó se tornava insuportável. "Ele" fugia nessas ocasiões, me deixando, como sempre, confusa, sozinha (acho que ele é um quilombola – tem mania de fugir), me deixando só uma cor. Senti naquele momento o mal-estar de tantos equívocos e odiei ter ficado desatenta e exposto o "meu negro" a tamanha agressão. Recolhi-o a mim. Agora mais calma sorria da ironia da situação. Quase que eu acreditara que estava em minhas mãos fazê-lo feliz, defendê-lo. Mas eu só o estou conhecendo, e conhecê-lo é justamente expô-lo, perguntar e encontrar respostas, no fundo esclarecedoras como a do meu, ou como a do porteiro do edifício. Conhecê-lo é estar só, como era no canavial, como no tronco, como agora.

ACERCA DA CONSCIÊNCIA RACIAL

Por volta do final da década de 1950, o debate sobre as relações raciais que envolvem o negro no Brasil estava na ordem do dia, não tão amplo quanto atualmente, por causa das condições específicas da época, mas da mesma forma intenso. A emergência periódica do debate sobre a problemática racial, a nosso ver, é denominada menos por uma atitude particular dos negros como raça do que pela revisão moral dos valores gerais de nossa sociedade, reclamada por determinados setores dessa mesma sociedade, e que obrigatoriamente não inclui entre si o negro; é menos uma mudança qualitativa no comportamento racial da sociedade do que verbalizações e falácias de grupos pequenos, que se desviam do debate principal no nível político para se ocuparem de problemas que, embora políticos, não está em suas mãos resolver. (Se é que todos os problemas necessitam de solução.) Naquele tempo como hoje o debate racial centralizava-se na relevância do papel da cultura do negro, da contribuição da cultura do negro, e mais recentemente na negação da

■ Texto datilografado e não datado, passível de ser inserido na produção que se estende de 1974 ("Meu negro interno") a 1987 ("Hoje é dia do seu aniversário"). As memórias aqui advêm da vida no subúrbio e na escola pública, articulando raça, gênero, classe e espaço e acrescentando temas como a gravidez na adolescência e a evasão escolar de estudantes das comunidades negras. [N. O.]

cultura ocidental empreendida pelos negros brasileiros, ao permanecerem por muito tempo vivendo em condições que pouco diferem daquelas em que viviam sob o regime escravista.

Em tudo isso, embora a presença do negro exista debatendo e em alguns casos ela individualmente ou em pequenos grupos possa aparecer como vanguarda daqueles debates, até agora estes carecem de sua presença livre e expressiva questionando ou abrindo frentes para uma provável solução, ou pelo menos para a revisão efetiva de conceitos que possam provocar uma mudança, se não nas relações em si, pelo menos naquelas falácias. Falácias que confundem a forma que se obrigou o homem negro de *estar* no mundo, causada pelo estigma do preconceito racial, com a sua cultura intrínseca. Que confundem o seu *ser* com a miséria e a pobreza, o obscurantismo que impede que ele enquanto grupo racial *esteja* com toda a sua potencialidade na sociedade na qual é um dos polos.

Esse estado de coisas, no qual o negro em sua esmagadora maioria ainda se vê mergulhado, se presta atualmente para alimentar a corrente contracultural "tupiniquim". O enaltecimento dessa pretensa "cultura" da raça negra é tido como o fiel da balança para aferir a consciência ou não do negro brasileiro. É sobre o modo de *estar* no mundo e a consciência desse mundo, que são duas coisas distintas, que desejo me deter relatando um encontro. Para isso me reporto àquela época, no final dos anos 1950, em que as relações raciais e o preconceito estavam também na ordem do dia, nos debates dirigidos por Abdias Nascimento e seu Teatro Experimental do Negro (TEN).

Ela parecia-se fisicamente comigo, tínhamos o mesmo corpo magro e a mesma altura, embora ela fosse mais velha dois anos. Voltava do ginásio, onde cursava o 2º ano ginasial, quando a encontrei. Usava um vestido muito surrado e sujo, tinha uma criança, esquálida como ela, nos braços, e estava em estado adiantado de gravidez. Primeiro me dirigiu um sorriso tímido, como se estudando o terreno em que ia pisar, depois se aproximou numa atitude bem peculiar, como se estivesse com medo de me macular. Perguntou em que série eu estava. Disse-lhe, numa atitude também peculiar, como se estivesse a pedir desculpas, que estava no 2º ano ginasial. Quebrando o gelo inicial, tivemos um bate-papo meio esdrúxulo; me dava conselhos como se fosse um adulto, e só tinha quatorze anos. Entre repetições de "continue estudando" me disse uma frase que eu guardei marcadamente na memória: "Não deixe que façam isso com você". Como sempre ela me confundia, inclusive neste momento, ao pronunciar aquela frase. Tinha sempre aquela agressividade, que embora contida naquele instante se me dirigia em cheio. E o que me assustava sempre nela era aquela sensação do outro que me dominava em sua presença, era como se fosse um outro eu. De todas as nossas colegas eu só me sentia assim com ela.

Depois desse encontro eu só a vi mais duas vezes, uma delas quando, junto com o irmão, tentava carregar o pai bêbado que caíra na estação, ao lado do cesto de peixes e daquela faca que sempre me amedrontara. A faca eu vi pela primeira vez na sua mão, no dia em que ela, aos gritos, jurava sangrar um menino branco que a "dedurou" em sala de aula.

Quando eu ingressei na escola, recém-chegada de Aracaju, ela estava numa classe mais adiantada, seu nome era Jurema e tinha um irmão chamado Tião que era da minha turma. Pela primeira vez, embora estudasse numa escola pública e num bairro pobre, próximo à favela, tive uma colega da minha cor. Mas entre nós existia um como que abismo; enquanto eu imigrante nordestina, recém-chegada, era introspectiva e amedrontada, ela parecia nada temer e enfrentava tudo e todos com sua linguagem agressiva, carregada de palavrões e gírias, que a denunciavam como "neguinha-do-morro", apelido que repousava na boca de todos. Era da alcunha "neguinha-do-morro", tão usada na época nas rodas infantis, que eu me esmerava em fugir. Mas embora não fosse como Jurema, os castigos, os desprezos, o pouco caso e o próprio apelido me atingiam; e quantas vezes! Lembro-me que por essa época meu cabelo muito curto e natural era, como o dela, alvo das gozações do bairro: "Paletó sem manga é blusão, negra sem cabelo é João". E nós éramos seguidas por séquitos de meninos aos gritos, sob a complacência e adesão dos pais e dos outros adultos. Numa dessas vezes uma criança levantou o meu vestido para "ver se eu era menino ou menina", foi o máximo das humilhações! Essas coisas aconteciam frequentemente conosco.

Uma das maneiras de que me livrava daquelas guerras de rua era me refugiando em casa, nos livros. Na sala de aula eu encontrava Jurema que não tinha como se refugiar e que brigava com todos, defendendo-se ou desacatando. Eu era uma das primeiras da sala, ela era inevitavelmente a última. E a algazarra das crianças não negras ao nosso redor. Como se não bastasse tinha todo o aparato de indiferença e ingenuidade disfarçada da instituição escolar. As professoras sem exceção eram brancas, antissépticas, castas, indiferentes e bonitas. Quase todas vinham de outro mundo, fora do subúrbio, fora da favela. A relação delas conosco era de fria empatia, ou de total aversão, como aquela do quarto ano, que deliberadamente nos confundia uma com a outra, e que numa aula de catecismo, dramatizando sobre anjo mau e anjo bom, chamou Jurema à frente do quadro negro e a comparou ao primeiro, e Rosa, uma menina loira, ao segundo. Naquele dia, diante das gozações ululantes da classe, Jurema, como alternadamente o fazia, pareceu não entender a alusão clara que se fizera à sua cor, caindo na gargalhada. Também pareceu não entender quando no mês de outubro daquele ano nossos trabalhos anuais foram recusados para a exposição, porque nós éramos "assim mesmo, não tinham capricho". Pareceu não entender ainda quando eu, que sempre tirava um dos três primeiros lugares, tirei o primeiro naquele mês, mas não fui, como era de praxe, convocada para guarda de honra da bandeira nacional "porque não tinha roupa decente", e nós usávamos uniforme. Mas no início de novembro ela tinha desaparecido da escola.

Nos meados daquele ano um acontecimento marcou minha relação com ela, assim como toda a minha vida a partir daí. Como eu disse, um abismo nos separava. No dia em que eu a vi de peixeira em punho a cem metros da escola, chamando o "dedo-duro" para sangrá-lo, me encostei nos muros das casas e fugi, com uma gama de sentimentos a confundir-me, sendo que os mais dominantes eram o medo e aquela sensação de ser ela, de estar do seu lado sempre.

Até àquela altura ela parecia não me reconhecer, como as outras crianças às vezes me agredia por falar diferente, e antipatizava frontalmente com o meu comportamento quieto e o fato de eu ser uma das primeiras alunas. Não se dirigia diretamente a mim, nem eu a ela, até o dia em que eu soube que ela fizera um trocadilho com o nome do meu irmão. Me senti no direito de esbravejar contra ela, embora soubesse que quase toda a escola fazia o trocadilho muito antes dela. Quando dava vazão ao que achava justa indignação, ela apareceu na minha frente, e me chamou para ajustar contas "lá fora". Meu medo foi tanto que não falei nada. Entretanto as outras crianças já se dividiam em dois partidos, a favor dela e a meu favor. Não tive opção.

Depois da aula o espetáculo se preparou, ao nosso redor toda a turma, os aderentes e nós duas no meio; eu morta de medo não só da bravura dela, mas, mais ainda do que isso, me envergonhava de ter de brigar justo com ela, a "neguinha-do-morro", o que fazia de mim aquilo de que sempre tentei me defender. Chegamos ao ponto combinado e, enquanto Jurema alardeava sua sagacidade, ditando, como de costume, o que faria com aquele fardo inexpressivo em que eu me transformara, parti atabalhoadamente para ela e dei-lhe sucessivos arranhões no rosto. Pega de surpresa, ela não reagiu, quedou-se a olhar-me estupefata. Parecia que só existíamos naquele lugar nós duas; uma algazarra muito grande nos rodeava, mas nós permanecíamos em silêncio. Os meninos principalmente instigavam-me a continuar. Eu senti o choro espalhando por meu peito, minha face, enquanto Jurema apatetada continuava me olhando. Não sei quanto aquilo demorou, talvez não tenha passado de segundos. Ouvi uma voz de homem nos chamando de "suas neguinhas-do-morro", perguntando se não tínhamos vergonha etc. Sua mão me puxou para fora da roda. Enquanto todos ficavam em volta de Jurema, esgueirei-me chorando de medo e dó, até em casa.

Daquele dia em diante seu comportamento mudou comigo. A turma se preocupou em me alçar ao posto de heroína e novo ídolo, para mim eu tinha sido salva pela mão do homem e pela alcunha de "neguinha-do-morro". Não entendia o que se passava com ela; começou por procurar estar sempre perto de mim, em algumas provas ficava do meu lado, pedindo cola, que eu dava com prazer. De minha parte comecei a me identificar cada vez mais com ela, não mais como estar do lado dela, mas como se ela fosse minha imago. Desleixei-me mais das minhas obrigações, e quando os trabalhos meu e dela foram recusados para a exposição anual da classe essa identificação chegou ao auge. Só que, enquanto no mês de dezembro nossa professora se surpreendia ao ver-me com as vestes pobres, recebendo o diploma das mãos das autoridades, por ter tirado o primeiro lugar, Jurema tinha sumido da escola.

Dois anos mais tarde a encontrava naquelas circunstâncias. Me contava que tinha "se perdido" e o homem pai da criança de colo a abandonara, ela tinha ido com outro que na ocasião a engravidara, abandonando-a a seguir. Mostrava-se de uma forma excessivamente interessada em que eu continuasse estudando, como se isso fosse algo vital para ela. Novamente se estabelecia entre nós aquela comunicação em que "tudo" não era dito, como se uma soubesse da outra a partir de um determinado dado que ocultávamos. Adivinhava perfeitamente que aquele diálogo era impossível de se estabelecer entre ela e qualquer uma de nossas colegas brancas, não havia aquele dado que só nós duas, pela nossa experiência vivida, sabíamos, e que entrava na composição de nossas personalidades, dado que fazia com que ela, a seu modo, e eu, do meu, enfrentássemos com unhas e dentes, com agressividade e com fugas, o mundo preconceituoso que se delineava na nossa frente. O mundo preconceituoso e hostil que fechara o seu próprio mundo, delimitando sua vida com obstáculos irremovíveis, diante dos quais ela quedava prematuramente derrotada.

Hoje nada sei dela, nem de suas crianças. Eu continuei, não sei se movida pelas circunstâncias ou pelo seu desejo, o certo é que a necessidade de continuar era impulsionada para me afastar do universo infantil, o qual nós duas compartilhamos e do qual ela foi a vítima. O certo também é que hoje o universo externo é semelhante. Recentemente ao me recusar a entrar pela entrada de serviço de um edifício, o porteiro justificou a atitude que tomara (quis me obrigar a entrar) dizendo que não adivinhava se eu era empregada doméstica ou amiga da pessoa a quem ia visitar. Do mesmo modo na infância a pessoa que levantou meu vestido justificou que não adivinhava se eu era menino ou menina, por causa do meu cabelo encarapinhado. Do mesmo modo a professora não adivinhava que eu era uma das melhores alunas da escola e que tinha os mesmos direitos que as crianças brancas nas mesmas condições.

Ninguém realmente pode "adivinhar" se o negro não puser a boca no mundo e disser exatamente o que significa viver cotidianamente sob a tirania do preconceito racial que domina as relações no Brasil. Ninguém adivinha, mas nós sabemos que não é tão real a aparência de negação dos valores sociais, pois nós não escolhemos essa negação. A aparência de "contestação" da qual uma grande maioria de negros parece portadora, negros como Jurema, não é mais do que a ação corrosiva de uma opressão racial e social sobre um determinado grupo componente da sociedade brasileira. Com quatorze anos ela sabia que era produto de uma ordem injusta, e que não só ela, mas toda uma raça, daí nossa preocupação uma com a outra. Era se referindo a isso que ela me segredava: continue!

Quando observo o estardalhaço e certo modismo em torno da consciência racial do negro, pergunto às Juremas que existem dentro de mim e às com que cruzo nas ruas, o que pra nós representa essa "consciência racial", que gira em torno da salvaguarda e preservação da cultura "folclórica" do negro, ou então da preservação da ingenuidade, do despojamento, da despretensão, da ausência previamente estabelecida do bem e do mal, da alegria, e de outras coisas que dizem pertencer intrinsecamente ao negro.

Observo também com alguma desconfiança as "estratégias" elaboradas às pressas para que nós vençamos o continuísmo de miséria, pobreza e aniquilamento pessoal. Preveem para nós um segregacionismo absurdo, questiona-se estupidamente se nossa luta deve ou não deve ser empreendida ao lado do branco; blasfemam contra nós sob a justificativa de que devemos retomar nossos "valores culturais", depois de quatro séculos de opressão sistemática e de ausência de organização como se esquecendo-se propositadamente que determinados "valores culturais" não são nada mais que a fórmula a que fomos forçados a recorrer para nos defender da mesma opressão, e que portanto estão carregados, impregnados da nódoa do racismo e por isso socialmente ineficazes.

Gostaria de perguntar a Jurema neste momento o que ela acha, por exemplo, de enaltecer-se sua agressividade anárquica que a levou à marginalidade. Ele deve saber que essa agressividade era uma resposta à vida material insuficiente que tinha, era uma resposta às manifestações inúmeras e incontroláveis do preconceito racial que imperava em todo o aprendizado escolar enquanto nossa raça e os feitos dela eram enriquecidos, ocultados, distorcidos nos livros; era essa sensação de não *ser*, embora *estivéssemos* presentes naquele mundo que fazia de nós duas criaturas autômatas, amargas e dispersivas, sem nenhuma identidade com as mestras, com as colegas, com as coisas contadas nos livros. Gostaria de lhe perguntar se, depois dessa experiência que a levou inclusive a abandonar a escola no último ano, gostaria de lhe perguntar, repito, se ela ficaria piamente agradecida se soubesse o quanto os brasileiros brancos se orgulham de trazerem na sua composição social "elemento tão importante quanto o negro, principalmente no momento em que se intensificam as relações do Brasil com a África".

Você ficaria agradecida, Jurema? Se você conseguiu sobreviver, em que favela você mora? O que você faz para ganhar seu pão-de-cada-dia? Eu soube muito tempo depois que aquele bêbado do seu pai foi assassinado por outro peixeiro. Pelo menos peixe sei que é capaz de você não comer mais facilmente. Soube também que seu irmão, meu colega, tinha sido preso como maconheiro e marginal perigoso. E você e suas crianças? Com quantos homens mais você teve filhos? Sabe, acham que isso é que é vida, porque só assim você sabe das coisas e continua negra, "dentro da sua cultura". É, Jurema? Nós duas sabemos o que é ser negro, e quantas coisas por isso você deixou de aprender! Jurema, quantas coisas não nos ensinaram. Mas eu aprendi. Não sei se porque continuei.

Neste instante eu me dirijo a você, onde e como você estiver: É duro zombarem do seu sofrimento com tanta acomodação. Olhe, Jurema, justamente porque as coisas foram assim com você era importante que você me respondesse. Lembrando nossa infância, a nossa adolescência, não posso aceitar sem asco que queiram nos dar como alternativa nossa "cultura" e nossa forma de *estar* no mundo. Não aceito porque é um preconceito. Quem nos dá essa opção são os mesmos brancos. Eles não sabem que você um dia me disse – continue. Eu continuei, mas lhe digo que não adiantou muito. O preconceito é o mesmo, embora hoje eu seja mais "viva" e não o deixe me destruir como destruiu parte de você. De onde você estiver, fazendo de suas palavras as minhas: "Não deixe que façam isso conosco!"

HOJE É DIA DO SEU ANIVERSÁRIO

Nasci num dia de julho, um e dois unidos. Nascia a 12 de útero vasto com treze antecedentes. Nasci sob um signo torto, água e lama: caranguejo. Ah! Como nasci envolvida por tantos e tantos signos. Um dia me criei, já vai longe no tempo. Não se fixou na memória como tempo relevante. Foi um seguir entrecortado, entrechocado com o mundo irreconhecível da razão, como se vagas à toa.

Outro dia me criei olhando o mar à distância entre coqueiros vaidosos que balançavam ao vento. Neste dia que me criei, atrás das palmeiras havia um navio. Eu sonhava romper o muro de pedras e caminhar no líquido verde até ele.

Houve um dia em que me criei partida em dois pedaços num porto mais ao sul dentro de um barco fétido sobre o mar escuro de Todos os Santos. Foi a partida. Ninguém me perguntou se queria partir, se suportaria não ver mais os coqueiros e o navio. Neste dia em que me criei, deixei atrás uma parte nunca recuperada de mim mesma, a terra em que nasci, meu primeiro objeto de amor.

■ **Manuscrito datilografado, inédito, datado de 26 ago. 1987. Repleto de reminiscências do espaço primordial: a casa da infância, a família, a mãe, a paisagem verde e sinuosa de Aracaju, imagens de figuras fortes (o índio Serigy que dá nome a Sergipe), o navio e a partida indesejada para o Rio de Janeiro, cidade de "vias retas". [N. O.]**

Mas houve muitos dias em que me criei numa pachorrenta demora, num longo caminhar, hora a hora em direção ao desconhecido. Fui como no primeiro dia, com mais paixão que razão, com mais instinto que saber, com gozo e sofrer.

Como se criam os vivos? Nunca entendi, pois sempre me senti quase morta nesta trajetória incoerente onde a lógica é só seguir, seguir em frente. Ou para diante e para trás. Para um lado ou para o outro como faz o caranguejo que me iniciou. Como ele eu não acompanho tranquila as direções.

Como foi que me criei zanzando entre coqueiros e de repente andando em vias retas de uma cidade estranha? Aprendendo verde, amarelo, vermelho. Atenção às coisas móveis e perigosas, quando eu só tinha atenção para o verde das palmas e do oceano?

Lembranças, saudades, sustos, assim se resume essa história. De coisas acontecidas que nunca mais retornarão. Já não são como eram, fazem parte de uma outra era onde um dia, mais uma vez, me criei.

Uns dias eu me criei em um leito de hospital, arrancaram pedaços de mim em cirurgia mortal. Anestesiaram minha voz, paralisaram meu sexo, tornaram estático o meu cérebro. Fantasmas de um existir que rondam meu peito doído, que marcam meu corpo moído que me impedem de gritar. Onde estavam meus coqueiros, que destino tomou o meu navio? Onde ficou o útero vasto onde por um tempo naveguei? Saciada de afetos, de desejos realizados, de olhos esbugalhados que a tudo abrangiam?

Um dia eu cresci dentro de um túnel com paredes apertadas e muro de pedras no fim. Como ali fui parar não entendo. Estava fria fora e dentro de mim. Pelas paredes havia aranhas, aracnídeos estranhos que eu sentia me engolirem. Achei no início que eram caranguejos, que também podiam ser engolidos, mas eles não tinham pelos como seus originais. Só grandes olhos que me viam como se eu fosse a estranha de tudo que estava ao redor. Ficamos no jogo de quem comia quem, de quem amedrontava quem, o que no fim se consumiria. Ficamos uma eternidade nesse torneio de verdades, sem busca de qualquer sentido, sem enfrentar a luz.

Um dia eu cresci me debatendo entre o sim e o não, entre ser e estar, entre o desejo e o ter. E só tive o que tenho, não o desejo querido, não o ser idealizado, não o sim, sim, o não.

Por que o não, se de fato cresci? Por que tantos nãos, se deveria merecer o sim do mundo externo? Já que cresci? Ou será que fui como aqueles coqueiros, simplesmente me estiquei para o alto, sem dar bolas ao presente, sem direção, sem destino? Ou como aquele navio, que simplesmente encantou--se, atrás da barra azul, moveu-se sem que o percebesse, ou fui eu que me movi, num estertor desvairado, em erros e acertos negados, em culpas que são só fantasias!

Quando eu não tinha crescido, eu ia a um hospital, vacinas contra vírus letal, seringas... filetes... pêndulos. No saguão tinha um índio, homem enorme de bronze ou ferro, armado de lança e arco desafiava meu medo secreto. Não temia nem chorava das picadas de drogas que injetavam em minha carne tenra, saturada de enfermidades sociais.

Desviava meu terror para aquela imagem, intrépida, diferente de qualquer dos homens que até então conhecia lá de fora. Um dia perguntei quem era ele, pensava que já o sabia, pois de todos os lados que estava, seu olhar se entretinha com meu rosto em pânico. Mamãe me disse ser Serigy, herói que dava o nome à terra onde nascemos.

Não sei o que tinha aquele índio que tanto pânico me inspirava, não sei se a flecha ou o arco, a pena que atravessava o nariz, ou a nudez consentida, entre tanta gente vestida que mal me olhava entre toucas e bisturis. Só ele era violência e saúde. Depois deste dia eu sempre queria ir lá, pois me contaram sempre antes de dormir as lendas da resistência daquele índio, de como repelira invasores. Como manteve seu território. Lá ia eu desfiá-lo pelas manhãs naquele espaço restrito banhado pela claraboia, entre algodões e detritos, entre ordens e gemidos sua altivez me encantava, me reportava a coisas que não tinha visto: lanças e flechas, florestas e rios, guerra e vitória. Os primeiros nomes, as primeiras noções de viver vinham daqueles momentos em que a febre, a dor aniquilantes eram suportadas na visão da sua arrogância. Heroicidade esquisita a que me comprazia, um índio secularmente derrotado, em metal petrificado que dava nome a um lugar, pois também vinha dele o nome do hospital.

Um dia crescendo aos poucos voltei lá. Era à tarde, véspera da viagem do meu exílio de lá. Era vaga a noção do que estava para acontecer, para onde iam me levar. Ansiedade e excitação. Só pensava na sensação que ele iria me causar. Era crepúsculo e o sol deslocado emitia sombra sob a claraboia, era só um bloco escuro. Não vi mais suas feições. À sua frente, diante do meu espanto, vi um cartaz de uma campanha. Era um enorme caranguejo, paralisado, ameaçador. O nome que o ilustrava chamava-se câncer, e me disseram se tratar de terrível mal. Não entendi por que um caranguejo grande estava dentro do hospital e como entrava nas pessoas. Foi a primeira vez que me senti realmente mal no hospital, o caranguejo confundiu-se com a viagem e a saudade do índio e chorei da picada de injeção. Isto causou estranheza à minha mãe, deve ter pensado que eu estava regredindo, pois se zangou com a minha "birra". Daí em diante, muitas vezes chorei sem que as pessoas entendessem exatamente por quê. Só o meu íntimo sabia.

Ao me criar era valente como o índio, dele me vieram histórias de outros índios, como os Tamoios, do primeiro livro que li sobre o Rio de Janeiro, sabia de todos os seus longos combates e rejeitava viver com pessoas tão pouco valorosas, tão pouco rebeldes. Começava a rejeitá-los por minha mãe.

Imaginava não ser sua filha, poder existir sem aquela mulher por referência tão absoluta. Que não era originária do seu constante agitar, da voz cortante, do seu *faça isso, faça aquilo*. Recuava até os coqueiros no fundo da casa, como se num levitar. Afastava-me de tudo sensível, precisamente dela. Chegava a tal estado de negação que me abstraía totalmente. No final dessa viagem, alucinada atirava-me corredor adentro e me lançava sobre ela a chorar desesperadamente. Tomava consciência do quanto estava enraizada naquela mulher abrangente, sem outro destino passado ou presente. Repetia muitas vezes esse exercício, não entendia por que o fazia. Lembro-me só que o final era muito triste, como um voltar atrás.

Talvez fosse uma forma de rebeldia, ela sempre se referia: "Dá-me preocupação por tua rebeldia", ou desobediência.

Me criei obedecendo para compensar estigmas. Não era bom ser rebelde, havia o risco de pedir perdão. Me criei pedindo perdão. Mas eram somente momentos de trégua seguindo ordem ainda não revelada.

A ZUMBI DE N'GOLA JANGA

Para Bethania

Quando cheguei de viagem, tu tinhas uma pergunta a me fazer. Perguntaste: mamãe, onde estava a cabeça dele?

Dias antes, tinha te ensinado que ele não se jogara de um precipício.[1] Que ele não fora um covarde como os demais que tu conheceste. Entretanto, me surpreendi contigo, por teres me lembrado da Lição.

Não soube te responder momentaneamente.

Tu lembraste bem.

Eu não tinha me lembrado desse aspecto enquanto estive lá.

1 Após sua morte, difundiu-se uma narrativa de que Zumbi se lançara do alto da Serra para não ser capturado. Também se dizia que era imortal. Joel Rufino dos Santos (1985) tergiversa: "a legenda do herói étnico que prefere a morte ao cativeiro fascina nossas mentes" (p. 46). Quanto à degola, a carta de Caetano de Melo e Castro, então governador de Pernambuco, datada de 14 mar. 1696, refere-se à morte do líder e manda executar esta ordem: "Enviou-se-me a cabeça do Zumbi que determinei se pusesse em um pau no lugar mais público desta praça a satisfazer os ofendidos e justamente queixosos e atemorizar os negros que supersticiosamente julgavam este imortal pelo que se entende que nesta empresa se acabou de todo com os Palmares" (Arquivo Histórico Ultramarino, 1696, apud Gomes, 2005, p. 152). [N. O.]

■ Texto datilografado, com correções a mão, datado de 25 ago. 1980. A autora se refere a uma viagem com destino a Maceió para o I Encontro Nacional do "Parque Histórico Nacional do Zumbi", promovido pela Universidade Federal de Alagoas. A estadia compreendia uma visita à Serra da Barriga, principal área do Quilombo dos Palmares, cujo tombamento como Patrimônio Cultural Brasileiro se deu em 1986. [N. O.]

Só sentia um misto de espanto e de angústia. Mas sempre que posso, de uma forma ou outra, eu te respondo. Te responderei.

Filha, não sei onde estava com a cabeça, a minha, não a dele, quando aceitei participar daquela farsa, daquela viagem.

Ganga Zumba pelo menos tinha consciência de que estava abandonando e entregando a cabeça dele. Traiu com "dignidade", se pode haver dignidade na traição.

E eu?

Subi aquela Serra, antes maldita, inabitada durante três séculos. Serra da Barriga. Ela foi a barriga que, como a minha, foi onde tu te refugiaste antes de surgir no espaço exterior.

Barriga... Onde ele buscou refúgio com seus irmãos, teus e meus antepassados também.

Desde a tua idade, Filha, eu também procurava em furtivas leituras aquela Barriga, aquela Cabeça, aquele Corpo, alguma Luz.

Esta Barriga-Serra, sentida em mim como uma esponja de sangue, Dele e de Todos os que se foram com ele.

Dele e de todos que ele comandou para trás, caminhando furtivamente. Ou correndo sem tropeçar. Sempre para trás ou para o lado. Nunca na frente da morte.

Sim, Filha, o nosso caminho não foi como o dos outros. O caminho da Estrela Guia, para o Oriente ou para o Norte. Caminho natural dos heróis e dos santos.

Caminho dos povos livres. Não, Filha.

Ele não nos encaminhou para a imortalidade, mas para o trabalho. Não chegou a nos dizer que caminho seguir na terra estranha.

Como um deus primitivo, que dominava um ventre, e não como os outros: discos, estrelas. Ele nos encaminhou em direção ao Sul. Barraram nosso caminho natural para as estrelas que conduzem [...]. Ele nos conduziu em direção às estrelas opacas da Cruz. Para o Cruzeiro do Sul.

Essa cruz que nós não conhecíamos.

Cruz, símbolo deste país, de quem hoje dizem que ele foi um Herói-bandido. Terra onde você começou a conhecer o prazer e a dor.

Filha, participei da farsa, sim.[2]

Traí, por que não?

Precisas crescer para entender as contradições dos adultos. Precisas crescer sobre a mentira.

Pisei sim.

Pisei naquela Barriga cristalizada pelo sangue dos teus antepassados. Aquele solo sagrado que ajudei com outros a tornar conhecido. Com minha mente, com minha palavra, com uma pena.

Mas não fui eu só. Todos maculamos o túmulo Dele.

Não ensinaram para nossos irmãos que a Barriga-serra era um sepulcro Santo. E da Barriga, esponja de sangue, do solo que foi a riqueza dos mortos.

Vai surgir não um templo – não temos deuses.

Vai surgir não um Templo, mas uma Pousada para os dominadores.

Para aqueles que tomaram as nossas riquezas.

Do platô que era o repouso dos grandes guerreiros, esperança de nós Mortos-vivos.

Os dominadores resgatarão o nome sagrado com um Hotel – Zumbi!

Vão fazer na Barriga outra violação.

Violaram-na como se viola o ventre da mulher.

O meu e depois o seu.

---

2 Neste trecho, Beatriz Nascimento se refere a uma tentativa não consolidada de fazer da Serra da Barriga uma área turística lucrativa, onde, inclusive, se construiria um hotel. O que há no local é o Parque Memorial Quilombo dos Palmares. [N. O.]

ZUMBI DE PALMARES

Um dia, na casa de vovó eu vi um livro entre coisas no baú. O livro falava de guerreiros e de palmeiras. Já não me lembro dos pormenores. Sei que eu lia e saía até a margem do sítio com o mar e voltava-me de costas para olhar as palmeiras. E entre a densa vegetação imaginava aqueles guerreiros em luta.

Mais tarde, na escola aqui no Rio, eu li sobre Palmares e me lembrei da história do livro de vovó. Achava que era a mesma, embora agora se tratasse de escravos e bandidos.

Hoje depois de muitas leituras e reflexões me anseiam ainda aquelas imagens de guerreiros lutando na floresta.

E eu que queria ver como eu via em Aracaju. Aliás, eu quis ver. Vi em sonhos.

Mas o que eu vi no sonho foi um lugar em penumbra onde se encontravam vários homens pretos, mais ou menos com quarenta anos de idade. Todos parecidos e bastante agitados.

Quando os percebi, falavam entre si e disseram ao homem que me acompanhava que iam me levar a um templo onde se celebrava um culto antigo.

Apressaram-se e saímos à rua. Eles em carros, como se fossem táxis, e eu atrás num outro carro com meu acompanhante. Anda-

---

- Texto inédito, original assinado e datilografado, arquivado junto com textos de 1983. A figura de Zumbi, além de histórica e mítica, é representada como onírica. [N. O.]

mos por uma longa estrada e, ao amanhecer, chegamos ao local. Era um templo semelhante à Igreja de Santa Bárbara na Bahia.

Os homens sumiram no interior do templo e eu me vi no terraço entre pessoas todas brancas e sem pelos na cabeça. Era uma imagem terrível e repugnante, pois eles se entrechocavam buscando contato pelas bocas umas das outras. Eram quase disformes e eu percebi que eram surdas e mudas. Faziam um ruído ininterrupto como de bater de dentes. Tive muito medo. Procurei sair dali, ao mesmo tempo sentia uma grande tristeza da condição daquelas pessoas.

Nisto eu o vi. Vinha saindo do fundo do templo entre suas alas de homens jovens e pretos. Magro, claudicava levemente. O rosto ao mesmo tempo que belo era austero, e isto me apavorou. Era uma austeridade que dava ao mesmo tempo um quê de temor. Logo o reconheci, o rosto que via entre as palmeiras da Malhada. As formas fortes do rosto dos homens da minha casa. Feições regulares do homem do mundo banto. Meu terror aumentava, à medida que ele se aproximava lentamente. Tentei desesperadamente fugir e, ao fazê-lo, caí num fosso raso entre as grades que me separavam daquelas pessoas surdas-mudas.

Ele se aproximou e se debruçou na grade olhando-me fixamente. Sem desviar o olhar perguntou aos rapazes que o acompanhavam "Por que trouxeram ela aqui?". Os jovens estenderam as mãos querendo me ajudar a sair do fosso. Eu fico com medo de tudo e procuro uma saída qualquer, logo vejo uma escada em espiral que me leva a um imenso gramado, aonde chego sem dificuldades.

No chão eu vejo meu acompanhante ladeado por duas crianças, uma negra, minha filha, e a outra branca, vestida de cigana.

Abro os olhos e ainda procuro entender onde estava, deparei-me com dois triângulos invertidos no teto. Reconheci imediatamente o que significava o sonho. Nessa época estava mergulhada em leituras e reflexões sobre sua figura. Aquela pergunta que ele fez era ao mesmo tempo uma advertência e uma reprovação. É o que eu acho. Hoje já vão sete anos que esse sonho aconteceu e em alguns momentos ao longo desse tempo eu o sinto como uma encarnação. E volto sempre a ter vontade de mexer no baú da vovó.

A PRIMEIRA GRANDE PERDA — A MORTE DE VOVÓ

Ainda hoje, diante da morte, eu fico estarrecida, perplexa. Não consigo expressar o choro. Não sei se sinto tristeza. Como quando da notícia da morte de vovó. Fez-se em mim um grande silêncio. Como se eu também houvesse morrido. Eu a esperava ao longo dos meses que precederam a sua morte, queria o livro do baú. Depois disso sempre achei a minha formação incompleta por não ter lido novamente aquele livro, por não o ter visto mais.

Sonho que o que eu escrever um dia será a reconstituição daquela bela história de homens e palmeiras, talvez a história dos meus avós no saudoso Sergipe.[3]

VOVÓ E O LIVRO — MINHAS SUAS DORES

Neste momento minhas duas alegrias, uma que está no passado, outra que eu posso ter no futuro. Mas como eu vou escrever um livro se há tantas regras? Eu queria escrever um livro de

---

3 Nessa cena ficcional, a referência ao herói é provavelmente a Zumbi de Palmares (ver texto homônimo), que ela trata como figura histórica e mítica. Beatriz menciona um livro que deveria escrever: sua "tese de mestrado" sobre quilombos. [N. O.]

- **Original assinado e datilografado, arquivado junto com textos de 1983. [N. O.]**

guerreiros e palmeiras, mas me exigem uma tese, uma verdade a ser defendida.

Como defender uma verdade? Ou ela é ou não é. E a verdade é que eu sou a moça negra de Sergipe, que se mobiliza em ter tido tantas transmigrações, tantos desterros. Estou sempre em busca de um território não terra. Eu queria um Quilombo não necessariamente aqui. Um quilombo onde, eu sei, algum antepassado meu viveu.

Isto é uma verdade. Eu só posso ser descendente deles, senão como se explicaria todo esse meu envolvimento, todas essas lembranças, todos esses sonhos. Toda essa vontade de dizer "Ele existiu, e como existiu!". Essa é uma verdade imaginada. É uma verdade sublime pois ultrapassa a minha condição comum – ser descendente dos quilombos de Sergipe é sentir essa dimensão trágica da perda da terra ao mesmo tempo que se vive voltada para ela em busca do ponto onde foi rompida essa história.

A que ele eu me refiro? Sei que é a máscara forte banto, máscara que suporta todas as dores dos músculos castigados pelo rabalho na lavoura, dores de um indivíduo comunizado pelo peso da escravidão, dores de não ter querido partir da África, dores de não poder retornar. Então a fuga e o sonho da heroicidade, a morte como inevitável, a morte como o retorno à própria humanidade.

Ele deu para as gerações futuras a sua saga de homem, de mito do herói de Deus.

O baú da vovó foi jogado no mar após sua morte.

Senti a perda do baú como uma segunda perda da minha querida. Anjo da infância. Através dela eu tinha contato com o mundo e tudo tinha o cheiro dela. Aquele cheiro de café que era o gosto da bebida que ela e só ela fazia. Aquele gosto virava cheiro e cada coisa que olhava com ela, as bananeiras, os mamões, os araçás, os coqueiros, os camarões e os caranguejos cheiravam o suor de Madalena, cheiro que eu extraía do gosto do seu café.

Eu queria o livro do baú. Herança infantil que me foi negada pela brutalidade dos adultos. Só há alguns anos pude perguntar a mamãe por ele e ela disse: joguei-o no mar. Me deu uma sensação de surpresa e alegria. E perguntei: mas por que no mar?

Tinha que ser no mar, ser vivo que torna as coisas perenes. Um dia eu vou mergulhar à procura do livro dentro do baú.

O livro dentro do baú, o livro que eu tenho que escrever – mais duas dores.

PORTUGAL

A terra é circular; o sol é um disco.

Onde está a dialética?

No mar.

Quando eu voltei à Angola, estive dez dias em Lisboa. O que mais me emocionou foi passar pelo Tejo. Aquele rião se abrindo para o Atlântico...

O Atlântico em Lisboa parece mais alto e menor do que no Brasil.

Dentro do carro me extasiava com esse lado da minha história. Como eles partiram daqui para o mundo desconhecido? Que força maior fizeram com que eles enfrentassem esse Oceano em busca da África e da América? E eu, este pequeno ser, sou o resultado dessa louca aventura. Aí, eu chorei de amor pelos navegadores, meus pais. Chorei fundamentalmente diante da poesia do encontro do Tejo com o Atlântico, da poesia da partida para a conquista. Eles o fizeram por medo também e talvez tenham chorado diante de todas as belezas além do mar Atlântico.

Esta é a dialética da minha história:

País e pais, África e América e Europa – África
País e nações

• **Original assinado e datilografado, arquivado junto com textos de 1983. [N. O.]**

Angolas, Jagas e os povos de Benin
País e nações
Palmares, Bahia, Sergipe – Brasil
País e nações
Atlântico – mãe

Eu sou atlântica. Agora descobri uma referência bela.

Uns foram por esse oceano
Outros vieram por ele
E eu estou aqui, fui e vim por ele

Ó paz infinita, poder fazer elos de ligação numa história fragmentada.

Todas aquelas construções nacionais são contornos geopolíticos, não eram nada até ter um nome.

Só o oceano é real. Porque é o m-a-r

Um som primordial.

Vamos fazer uma ponte de Gibraltar até a África?

ANGOLA

Era uma frase que eu repetia sempre.

No princípio nós nos deslumbramos mutuamente.

Eles me chamavam angolana e eu me sentia.

Mas aos poucos outros foram se incorporando e lembravam-me ora com desprezo, ora com admiração que eu era brasileira.

Esses que me desprezavam lembravam-me eu ser uma negra ex-escrava e hoje colonizada num país racista e ditatorial – capitalista.

Nesses momentos eu sentia uma xenofobia intolerável e uma mágoa profunda. Reagia, tentando explicar a dinâmica deste país e como neste particular eu não me sentia brasileira e esperava que eles entendessem que os antepassados deles que ficaram foram responsáveis pela escravização do nosso povo. Ficavam surpresos com a explicação e me pediam desculpas. Aí eu dizia: vamos fazer uma ponte em Gibraltar? Riam.

Um dia estava no quarto do hotel, me chamaram na portaria. Quando procurei quem me chamava, eram cinco integrantes da Farpla, diziam que tinham vindo falar com a "brasileira", vinham

- Original assinado e datilografado, com título aposto à mão, arquivado junto com textos de 1983. Pode ser uma continuação do anterior, presumidamente transcrito em 1983. Quando a autora fala em "eles", está se referindo a soldados angolanos das Forças Armadas Populares de Libertação de Angola (Farpla) com destino ao sul para apoiar a South West Africa People's Organization [Swapo – Organização dos Povos do Sudoeste Africano]. [N. O.]

"tomar um copo" comigo. Sentei-me com eles, eram jovens, o mais velho (major) tinha 24 anos, o mais novo (recruta) 17. Lindos, fortes, negros. Me disseram que iam pra Frente de Cubango, região fronteiriça à África do Sul, bombardear posições, como apoio à Swapo. Perguntei quando voltariam. Nunca, disseram. E começaram com aquele velho discurso leninista. Pedi quase chorando que eles parassem, que aquele discurso era uma lenda que não justificava mais nada. Que eu estava vendo homens em toda a sua pujança me dizendo, como se fosse a coisa mais natural do mundo, que iam morrer. O major replicou: "Você tem medo da morte, Beti? Eu não tenho, o instante da morte é o medo, se você não tem este medo não há nada".

Foi difícil explicar para quem ia morrer o quanto eu via de absurdo, como eu não me conformava de estar bebendo com moribundos. Mas ao mesmo tempo era belo olhar o rosto deles e ver aquela determinação. Somente o recruta baixou a cabeça lembrando a naturalidade de tudo.

Conversamos muito sobre o Brasil e eles me pediram para recitar algumas poesias conhecidas. Recitei alguns fragmentos de Cecília Meireles e de Drummond e alguns salmos que me vinham à cabeça. Eles repetiram algumas vezes comigo e eu vi lágrimas nos olhos do major. Ao nos despedirmos, ele me afirmou que ia desligar algum mecanismo do carro para não ir àquela noite para Huambo. Conversamos até de madrugada e ele me prometeu voltar no outro dia para a gente continuar falando sobre o sentido da morte, não mais com o discurso de Lênin.

ESTUDO EM MI MAIOR, OPUS 10, Nº 3

Adeus meu amor
Eu vou partir
E já estou saudades a sentir

Eu fiz de adeus uma canção
Os versos meus direi
de coração
Tu também hás de cantar
Quando eu voltar
Ser mais feliz

E em tua voz
Vou escutar esta canção
Que eu te fiz

Estudo em Mi maior de Chopin depois de falar de Angola. Nunca soube dizer o que eu fui fazer em Angola. Às vezes sinto um bloqueio muito forte dos outros, devido à morte de Raquel e ao processo extremado da minha mania. E a mania foi

■ Original assinado e datilografado, arquivado junto com textos de 1983. Esta música de Chopin recebeu o título de *Tristesse*. O conteúdo remete aos dois textos anteriores: "Portugal" e "Angola". Parte dos trechos finais foram incorporados à narração de *Orí*. [N. O.]

uma forma de despedida de tudo anterior à Angola. Eu queria entender Angola como momento de estar lá. Como uma travessia de volta. Rompendo todos os meus referenciais que pudessem me ligar a esta parte ocidental do mundo. Fez um corte meridional-hemisférico. Foi a explosão da repressão.

Oh! Como foi lindo ver o território-mãe e viver nele como um feto no útero. A todo instante eu recorria ao êxtase para estar diante dos acontecimentos. Cacuaco, Funda, N'Dalatando, Luena, Dembo, Macondo, *Massangano*.

O Cuanza em Massangano tem a dimensão infinita do mar, o mar entre os rochedos, verde e sombreado por flamboyant. Foi onde eu ouvi a palavra "quimbanda" (cura). Era uma tarde e ele passava no seu leito de pedras, como uma imensa serpente líquida, onde as extremidades que provocam a fricção não eram visíveis. A calma da cobra-rio, longe do seu estuário, longe de sua nascente. Eu o olhava sem acreditar em tamanha beleza. E pensava em André, se ele estivesse ali de junto. E olhava o forte como se fosse o homem apressado do século XVI.

Terror, horror, êxtase. Como foi possível? Como puderam sobreviver no exílio, deixando esta imagem para trás. As pessoas que me acompanhavam mantinham-se em silêncio em respeito ao meu deslumbramento diante do Cuanza em Massangano. Foi diferente dos outros lugares. Não foi assim em N'Dalatando, mas a intensidade da emoção era a mesma. Nesses momentos eles tinham aquela doçura de quem tem a sofrência como dom inato. Uma compreensão muda, por aquela que redescobria o espaço físico há muito deixado. Amor-mudo que aumentava ainda mais o prazer de estar refazendo elos de há muito perdidos.

E vinha o peixe, servido como num ritual milenar, que transcendia as fronteiras dogmáticas. Ceia onde as tensões lentamente relaxavam-se dando lugar a situações conhecidas, possíveis de ser compartilhadas. A ausência de Agostinho Netto, por exemplo. Todos pareciam sofrer esta perda de uma forma ou de outra. Havia aqueles que estiveram desde muito ligados intimamente a ele e sofriam de sua experiência. Havia também aqueles que só choravam a perda do líder que tomava uma dimensão sufocante para todos.

A morte tem o poder de nivelar e de estender sua impressão de modo uniforme, principalmente quando se pranteia um indivíduo com implicações de Netto.

Cheguei em Luanda no dia das suas exéquias. Vi muitas pessoas chorando no avião, um choro contido, mas de muitas lágrimas. Me contaram quando eu cheguei que as pessoas entravam em transe, milhares de pessoas, uma espécie de história coletiva. Batiam a cabeça no chão numa repetição do gesto milenar de saudação aos reis.

Como meus pais, caçadores, entro no jogo da sedução com a certeza da minha conquista.

Mas onde está a presa, entre luzes e sons?

Entre luzes e sons só encontro o meu corpo antigo. Velho companheiro das ilusões de caçar a fera. Corpo de repente aprisionado pelo destino dos homens de fora. Pelo desejo de uma história, que hoje conta sem culpas como fui desatento no instante de conquistar.

Corpo-mapa de um país longínquo que busca outras fronteiras que limitem a conquista de mim.

Quilombo-mítico que me faça conteúdo das sombras das palmeiras. Contornos irrecuperáveis que minhas mãos tentam alcançar.

Como as dos meus pais, caçadores.

Tudo isso não resgata a dor
A um corpo histórico

A escravidão a um corpo histórico / *ele pode resgatar a um corpo físico.*

Aquela matéria se distende mas ao mesmo tempo e justamente por isso ela traz com muito mais intensidade a *história*, a *memória*, o *desejo*.

Desejo de não ter partido da África, por exemplo. O desejo de não ter vivido a experiência do cativeiro. E o desejo de se libertar da história, ou seja, o sonho de superar a condição humana. Isto traz mais dor.

INVOCAÇÃO A ZUMBI DOS PALMARES

Dia Nacional da Consciência Negra
20 de novembro de 1990
Monumento a Zumbi dos Palmares
22h – Rio de Janeiro

Zambi!

Quero te encomendar uma festa e por isso te oferecemos!

Duzentos e noventa e cinco anos após tua defecção. Na capitania de Pernambuco nas mãos de um único homem o destino heroico e histórico de uma nação – esta da qual fazemos parte – O Brasil. Esse homem foi Zumbi.

Queremos te agradecer por ter-nos dado os dons da liberdade, da fraternidade, da solidariedade, da generosidade e da tolerância, antes mesmo que qualquer povo do mundo pudesse entender.

Sabendo de ti e dele, podemos sentir e viver a importância de *sermos* negros neste mundo adverso.

■ **Texto datilografado, escrito para ser lido diante do Monumento a Zumbi dos Palmares, no Rio de Janeiro, em 20 nov. 1990, Dia Nacional da Consciência Negra. O poema final, registrado anteriormente nas fitas de gravação de Raquel Gerber com Beatriz Nascimento nos anos 1980 (Arquivo Nacional, 2018), veio a integrar a última parte de** *Orí.* **[N. O.]**

No entanto, estamos felizes e emocionados por nos ter dado *a Luz e a Potência de Zumbi dos Palmares* – a potência Z – por esses quinhentos anos de trevas.

Sabemos também que a tarefa que a nós impõe, fruto da tua consciência desperta em nossas mentes e em nossos corações, não será um *jardim de rosas*, um caminho fácil. Mas o aceitamos com alegria porque nunca tivemos felicidade, embora saibamos que ela existe e está adormecida na tua Potência, nas lanças jagas, na resistência original de teu povo de N'gola – "Aruanda!" –, no vigor, na força, no trabalho e no espírito de tua raça.

Zambi! Permita-nos que saudemos teu e nosso querido

> Comandante das armas de Palmares
> Filho, Pai, Irmão de uma nação
> Eu te vi, Zumbi
> Nas migrações diversas dos teus descendentes
> Eu te vi, adolescente, sem cabeça e sem rosto nos livros
> [de história
> Eu te vejo mulher em busca do meu eu
> Te verei vagando
> Ó! Estrela Negra
> Ó! Luz que ainda não irrompeu
> Te trago no meu coração
> Na minha palma de mão
> Verde como o Palmar
> Eu te levo na minha esperança
> No tempo que está por vir...

À GUISA DE POSFÁCIO

MUNIZ SODRÉ

De início, uma pequena história exemplar. Tempos atrás, numa mesa celebrativa de que eu participava, no barracão de uma das casas matrizes do culto afro em Salvador, discorria-se sobre a memória da fundadora, uma das grandes mães ancestrais do povo de santo. A única pessoa presente que a havia conhecido pessoalmente era uma anciã da comunidade que, entretanto, nada aportava em termos de informação histórica. Mas dados bem alinhados foram supridos depois na fala de um pesquisador acadêmico sentado à mesa.

Esse episódio, aparentemente menor, evoca a distância entre o relato historiográfico e a narrativa do povo sobre sua existência ou sua vicissitude. No primeiro, é imprescindível a data, assim como a marcação contínua na escrita dos enunciados, referendados por fontes mais ou menos confiáveis. No segundo, predomina a oralidade, em que o discurso verbal pode aparecer entrecortado pelos hiatos da memória, mas quase sempre referendados por relações de parentesco e referências territoriais. Mário de Andrade já havia observado que "o povo não costuma datar os atos corriqueiros da sua vida".[1] Por outro lado, as classes dirigentes são vezeiras em celebrar as suas trivialidades como feitos de varões ilustres: a diarreia de D. Pedro I às margens do riacho Ipiranga foi eternizada como o grito da independência nacional.

[1] Mário de Andrade, *Ilustração musical*, n. 2, 1930.

Isso me ocorre ao esboçar um comentário sobre uma coletânea de textos, mas também sobre os dados historiográficos de Beatriz Nascimento. É que eu a conheci de perto desde o final dos anos 1970 e, ao longo dos anos, tornei-me seu amigo, padrinho de casamento e orientador num mestrado inconcluso em razão de seu brutal assassinato. Vejo-me, assim, compelido a mesclar dados objetivos com reminiscências pessoais, ou seja, com o que me está emocionalmente escrito na cabeça.

Para mim, Beatriz representou, antes de tudo, uma subjetividade *contemporânea*, no sentido atribuído a esse termo por Giorgio Agamben de "relação singular com o próprio tempo, que adere a ele e, ao mesmo tempo, dele toma distância".[2] Em outras palavras, não a atualidade, mas a intempestividade antes acenada por Nietzsche. Algo, portanto, que implica fissura temporal em termos objetivos, epocais, mas também comporta a possibilidade de disjunção entre o sujeito e sua plena conformação psíquica, o mergulho no sofrimento.

A ambiência social e cultural dessa relação singular pode ser descrita como a agudização do confronto entre as persistentes desigualdades raciais e a emergência, a partir de meados dos anos 1970, de uma geração de jovens negros escolarizados e visivelmente influenciados por experiências de contrainsurgência africanas e norte-americanas. De um modo geral, o discurso desses movimentos caracterizava-se pelo ressentimento e, particularmente no Brasil, pela frustração decorrente do ativo negacionismo por parte da cidadania de pele clara: ninguém se admitia racista nem sequer reconhecia a existência dessa mácula como uma questão nacional. O negro sempre

---

2 Giorgio Agamben, "O que é o contemporâneo?", in *O que é o contemporâneo? e outros ensaios*, trad. Vinícius Honesko. Chapecó: Argos, 2009.

carregou à flor da pele, além dos refluxos da estigmatização eugenista, os efeitos da ambiguidade hierárquica, pela qual o elemento de cor clara manifestava o seu desejo patriarcal de relações fraternas, ao mesmo tempo que, dependendo das circunstâncias, se revelava inequivocamente racista.

Pessoalmente, testemunhei em sala de redação jornalística no Rio de Janeiro a defesa do argumento de que o racismo brasileiro era "invenção de sociólogo americano". Era crime de lesa-pátria pôr em dúvida a hipócrita suposição de que o Brasil fosse um exemplo de harmonia racial para o mundo. E isso não era postura exclusiva da direita política, como hoje se poderia pensar. A busca esquerdista e oficial de união nacional orientava-se pelo saber de um povo abstrato ou indivisível, indiretamente moldado pelo universalismo europeu.

A própria ideia de Nação jamais se dissociou da imagem de um amálgama homogêneo e indiferenciado de massas, em nada distante das representações manejadas pela direita. Era uma diretriz que deixava de lado a *plebs*, ou o *lumpen*, isto é, o povo externo à organização oficial da sociedade civil, assim como os povos da diversidade cultural – negros, mamelucos, caboclos, indígenas, ribeirinhos, esses mesmos que, na prática, conquistaram junto com os bandeirantes a unidade territorial do país. Qualquer que fosse seu matiz teórico europeu (leninista, stalinista, trotskista) ou sua filiação doutrinária (soviética, albanesa, chinesa, castrista), a esquerda brasileira esteve sempre dentro dos limites de um abstrato republicanismo liberal, alheio às contradições nacionais concretas, como a continuidade escravista.

É importante reiterar isso agora (que já frisei em outras ocasiões e certamente em textos esparsos), porque Beatriz não se encaixava em nenhum enquadramento político, era apenas radicalmente "contemporânea", isto é, intelectual da fratura.

Compará-la a outras de sua época é realmente não perceber a singularidade de seu posicionamento intelectual, avesso às seduções partidárias e inacessível aos atrativos das cenouras de burro que os subterrâneos do Sistema tentavam pôr no caminho da militância. O que ela de fato queria era desmascarar a farsa de democracia racial e dar à luz uma historiografia contrainsurgente, tipificada nos quilombos. Historiadora de vocação e de aprendizagem, ela encarou a opção entre o "paradigma Henrique Dias" – aquele que, no século XVII, se pôs a serviço dos brancos para governar negros e mulatos – e o "paradigma Zumbi dos Palmares", ou seja, a recusa de cooptação e de rendição. Beatriz não tinha nada a ver com Henrique Dias, nem com Chica da Silva, nem com sucedâneos e sucedâneas dela temporalmente coexistentes, alguns dos quais, como é bem sabido, mas silenciado, foram "porosos" aos serviços de inteligência da ditadura.

Isso não quer dizer que ela não valorizasse aspectos conciliatórios do movimento organizado dos negros, a exemplo da ofensiva ideológica da Frente Negra em São Paulo nos anos 1930, quando os militantes impunham a si próprios uma rígida disciplina (com matizes ambíguos e, às vezes, protofascistas) com vistas a granjear a confiança da população branca e a ultrapassar barreiras institucionais. Segundo o depoimento de um dos remanescentes, na Força Pública de São Paulo, que tinha como regra o branqueamento de suas fileiras, a Frente Negra conseguiu inscrever mais de quatrocentos negros.

Igualmente com Chica da Silva: ainda que não se identificasse com essa figura histórica, Beatriz contestou a sua roteirização no filme de Cacá Diegues. Chica era sabidamente rica, proprietária de escravos e companheira de um importante contratador de diamantes português. No filme, aliás magnificamente interpretada por Zezé Motta, Chica destaca-se pela exuberância do corpo negro e pelas proezas sexuais evidentes nos gritos que irrompiam da alcova do português. Isso mexeu com a consciência feminista de Beatriz, que encetou uma discussão jornalística sobre o que considerava uma visão de classe média branca sobre a negritude.

O quilombo, entretanto, foi para Beatriz um grande objeto teórico e empírico, além de vereda existencial. Ela sabia, na trilha de Abdias Nascimento, que a figura de Zumbi dos Palmares tinha um potencial panafricanista, por seu caráter transnacional de pioneirismo e inspiração nas revoltas dos escravos em Santo Domingo, Cuba, Jamaica, Guianas e Virgínia (EUA). Ao lado do aspecto insurrecional, havia o formativo, tal como assinalado por D. José Maria Pires: "Penso que não nos dedicamos ainda ao estudo dos quilombos, procurando colher as lições que eles nos deixaram. Os quilombos foram verdadeiros centros de educação para a vida. Sua organização era com toda certeza muito mais humana e muito mais avançada do que a existente no meio dos portugueses que nos escravizaram".[3]

Mas o que seria o quilombo como vereda existencial? Para mim, em Beatriz, significava ter inscrito no corpo o transe da denúncia de um projeto de extermínio da condição negra, em que sempre foram cúmplices o Estado-casa-grande e os sócios do patrimonialismo dominante. Foucault disse, e é verdade, que "o racismo é indispensável como condição para poder tirar a vida de alguém".[4] Se essa espada de Dâmocles sobre a cabeça sempre foi existencialmente difícil para todo homem negro, foi e é ainda mais ameaçador para a condição da mulher. Ser ou "tornar-se" negra no Brasil de meio século atrás podia deixar

3 D. José Maria Pires, "O negro e a educação", in *Perspectivas teológico-pastorais, Iter*, n. 2, 1982, pp. 84-87.
4 Michel Foucault, *Em defesa da sociedade: curso no Collège de France (1975-76)*, trad. Maria Ermantina Galvão. São Paulo: Martins Fontes, 1999.

indeléveis marcas internas na corporalidade feminina. Ainda mais quando se faz do quilombo a sua morada mítica. Beatriz Nascimento era filha remota de Zumbi.

MUNIZ SODRÉ DE ARAÚJO CABRAL nasceu em São Gonçalo dos Campos (BA) em 1942. É professor emérito da Escola de Comunicação da Universidade Federal do Rio de Janeiro (ECO-UFRJ) e membro da Academia de Letras da Bahia. Como jornalista, colaborou para publicações como o *Jornal da Bahia*, o *Jornal do Brasil* e a *Folha de S.Paulo*. É autor de *Pensar nagô* (Petrópolis: Vozes, 2017) e *O terreiro e a cidade* (Petrópolis: Vozes, 1988), entre outros. É também Obá de Xangô do terreiro de Axé Opô Afonjá, em Salvador.

NASCIDA EM BEATRIZ, QUILOMBO E CULTURA

BETHANIA NASCIMENTO FREITAS GOMES

Nasci de duas pessoas que se conheceram através da cultura e da arte. Os dois, negros e diaspóricos: Djosa, arquiteto e artista plástico de Cabo Verde, e Beatriz, historiadora e poeta. E eu me fiz bailarina. O balé clássico virou meu campo de batalha.

Quando Beatriz Nascimento entra no campo da cultura, ela se expande e nos ilumina, nos ensina que é "como se o corpo fosse o documento. Não é à toa que a dança para o negro é um momento de libertação. O homem negro não pode estar liberto enquanto ele não esquecer o cativeiro, não esquecer no gesto que ele não é mais um cativo". Essa declaração, que aparece na narração do filme *Orí*, é um dos grandes motivos pelos quais segui a dança. Ela vai também ao encontro do título deste livro, que ganhou corpo graças à dedicação e ao afeto do professor, escritor e poeta Alex Ratts: *O negro visto por ele mesmo.*

Quando nos questionamos e questionamos o outro do porquê da opressão de nossas imagens, sons e cores, nos defendemos e vamos ao encontro de nós mesmos. E quando nos encontramos em nossos corpos e mentes negras e atlânticas, nos vemos, nos observamos e vivemos o nosso ser com integridade, algo fundamental para nós seres humanos de hoje.

Esta coletânea me leva a saber mais ainda de mim e que não estou sozinha. O Quilombo vive em nossa irmandade cósmica, em nossa ancestralidade e em nossa descendência.

Eu amo Beatriz e eu amo a minha mãe.

Onde ela está eu estou.

BETHANIA NASCIMENTO FREITAS GOMES nasceu no Rio de Janeiro. Em 1992, ingressou como bailarina no Dance Theatre of Harlem (EUA), onde atua como professora desde 2014. É fundadora e presidente da Fundação Beatriz Nascimento, que recebeu em 2022 o Prêmio de Direitos Humanos da BrazilFoundation. É autora de *Betha a bailarina pretinha* (São Paulo: Jandaíra, 2021) e co-organizadora, com Alex Ratts, *de Todas (as) distâncias: poemas, aforismos e ensaios de Beatriz Nascimento* (Salvador: Ogum's Toques Negros, 2015).

REFERÊNCIAS

ARQUIVO NACIONAL

2018. *Fundo Maria Beatriz Nascimento (2D): Instrumento Provisório dos Documentos Textuais.* Rio de Janeiro: Arquivo Nacional.

BALDWIN, James

[1972] **1973.** *E pelas praças não terá nome*, trad. Crayton Sarzy. São Paulo: Brasiliense.

BATISTA, Wagner Vinhas

2016. *Palavras sobre uma historiadora transatlântica: estudo da trajetória intelectual de Maria Beatriz Nascimento.* Tese de doutorado. Salvador: Universidade Federal da Bahia.

CAIAFA, Janice

1991. *Fast Trips and Foreignness: An Anthropological Study of Hispanic Women as Other in American Society.* Tese de doutorado. Ithaca: Cornell University.

COSTA, Haroldo

1982. *Fala, crioulo.* Rio de Janeiro: Record.

CUNHA, Marlene de Oliveira

1986. *Em busca de um espaço: a linguagem gestual no candomblé de Angola.* Dissertação de mestrado. São Paulo: Universidade de São Paulo.

DELEUZE, Gilles & Félix GUATTARI

1972. *Capitalisme et schizofrénie: l'anti-Oedipe.* Paris: Les Éditions de Minuit [ed. bras.: *O anti-Édipo: capitalismo e esquizofrenia.* São Paulo: Editora 34, 2010].

[1975] **1977.** *Kafka: por uma literatura menor*, trad. Júlio Castañon. Rio de Janeiro: Imago.

1980. *Capitalisme et schizofrénie: mille plateaux.* Paris: Les Éditions de Minuit [ed. bras.: *O anti-Édipo: mil platôs*, v. 1–4, trad. Ana Lúcia de Oliveira *et al.* São Paulo: Editora 34, 1995].

DIEGUES, Carlos

1978. "Cacá Diegues: por um cinema popular, sem ideologias". *O Estado de S. Paulo*, 31 ago. 1978, p. 16.

2014. *Vida de cinema: antes, durante e depois do cinema novo.* Rio de Janeiro: Objetiva.

FERES JR., João; Leonardo F. NASCIMENTO & Zena W. EISENBERG

2013. "Monteiro Lobato e o politicamente correto". *Revista de Ciências Sociais*, v. 56, n. 1, pp. 69-108.

FERREIRA, Ceiça

2020. "Corpos e territórios negros: representações da religiosidade afro--brasileira no documentário *Orí* (1989)". *Cuadernos de Música, Artes Visuales y Artes Escénicas*, v. 15, n. 1, pp. 94-110.

FOUCAULT, Michel

[1966] 1981. *As palavras e as coisas: uma arqueologia das ciências humanas*, trad. Salma Tannus Muchail. São Paulo: Martins Fontes.

FREUD, Sigmund

[1901] 1996. *Sobre a psicopatologia da vida cotidiana*, in *Edição Standard brasileira das obras psicológicas completas de Sigmund Freud*. Rio de Janeiro: Imago.

GERBER, Raquel

1982A. *O mito da civilização atlântica: Glauber Rocha, cinema, política e a estética do inconsciente.* Petrópolis: Vozes.

1982B. *O cinema brasileiro e o processo político e cultural (de 1950 a 1978).* Rio de Janeiro: Embrafilme.

GOMES, Flavio dos Santos

2005. *Palmares: escravidão e liberdade no Atlântico Sul.* São Paulo: Contexto.

GONZALEZ, Lélia

1983. "Racismo e sexismo na cultura brasileira", in L. M. A. Silva *et al.*, *Ciências sociais hoje 2: movimentos sociais urbanos, minorias étnicas e outros estudos.* Brasília: Anpocs, pp. 223-44.

1984. "Axé/muntu, quilombo!". *Folha de S.Paulo*, Opinião, 28 jun. 1984, p. 3.

GRIN, Monica

2002. "Modernidade, identidade e suicídio: o 'judeu' Stefan Zweig e o 'mulato' Eduardo de Oliveira e Oliveira". *Topoi – Revista de História*, v. 3, n. 5, pp. 201-20.

GRODDECK, Georg

[1923] 1984. *O livro d'isso*, trad. José Teixeira Coelho Netto. São Paulo: Perspectiva.

GUATTARI, Félix

[1977] 1981. *Revolução molecular: pulsações políticas do desejo*, trad. Suely Rolnik. São Paulo: Brasiliense.

1980. "O divã do pobre", in C. Metz et al., *Psicanálise e cinema*. São Paulo: Global.

_____ & ROLNIK, Suely

1986. *Micropolítica: cartografias do desejo*. Petrópolis: Vozes.

HASENBALG, Carlos A. & Nelson V. SILVA

1988. *Estrutura social, mobilidade e raça*. São Paulo: Vértice.

KAFKA, Franz

[1967] 1985. *Cartas a Felice*, trad. Robson Soares de Medeiros. Rio de Janeiro: Anima.

LAPLANCHE, Jean & Jean-Bertrand PONTALIS

[1967] 1970. *Vocabulário de psicanálise*, trad. Pedro Tamen. Santos: Martins Fontes.

LÉVI-STRAUSS, Claude

[1952] 1975. *Raça e história*, trad. Inácia Canelas. São Paulo: Perspectiva.

[1962] 1989. *O pensamento selvagem*, trad. Tânia Pellegrini. Campinas: Papirus.

LISPECTOR, Clarice

[1964] 1976. *A paixão segundo G. H.* Rio de Janeiro: José Olympio.

1973. *Água viva*. São Cristóvão: Artenova.

MURAT, Rodrigo

2005. *Zezé Motta: muito prazer*. São Paulo: Imprensa Oficial.

NADOTTI, Nelson & Carlos DIEGUES

1984. *Quilombo: roteiro do filme e crônica das filmagens*. Rio de Janeiro: Achiamé.

NASCIMENTO, Beatriz

1976. "Compasso de espera". *Jornal de Debates*, 25 abr.–2 jun. 1976, pp. 7-9.

1979. "O racismo na mídia". *Jornal do Brasil*, Caderno B, 4 jun. 1979.

1989-90. "Acontecer negro". *Maioria Falante*, n. 16, p. 15.

1989. *Textos e narração do filme Orí*. Transcrição (mimeo).

2015. *Todas (as) distâncias: poemas, ensaios e aforismos de Beatriz Nascimento*, A. Ratts & B. N. F. Gomes (orgs.). Salvador: Ogum's Toques Negros.

2018. *Beatriz: quilombola e intelectual*, União dos Coletivos Pan-Africanistas (org.). Diáspora africana: Editora Filhos da África.

2021. *Uma história feita por mãos negras: relações raciais, quilombos e movimentos*, A. Ratts (org.). Rio de Janeiro: Zahar.

NIETZSCHE, Friedrich

[1887] 1976. *A genealogia da moral*, trad. Carlos José de Meneses. Lisboa: Guimarães e Cia.

PEREIRA, Carlos Alberto M. & Heloísa B. de HOLLANDA

1980. *Patrulhas ideológicas, marca reg.: arte e engajamento em debate.* São Paulo: Brasiliense.

PIRES, Thula Rafaela O.

2018. *Colorindo memória e redefinindo olhares: ditadura militar e racismo no Rio de Janeiro* (relatório de pesquisa). Rio de Janeiro: Comissão da verdade.

RATTS, Alex

2007. *Eu sou Atlântica: sobre a trajetória de vida de Beatriz Nascimento.* São Paulo: Imprensa Oficial/ Instituto Kwanza.

_____ & Flavia RIOS

2010. *Lélia Gonzalez.* São Paulo: Selo Negro.

REGINALDO, Lucilene

2019. "Negro também é gente, sinhá". *Vitruvius*, 10 fev. 2019, p. 3.

REIS, Rodrigo Ferreira dos

2020. *Beatriz Nascimento vive entre nós: pensamentos, narrativas e a emancipação do ser.* Dissertação de mestrado. Porto Alegre: Universidade Federal do Rio Grande do Sul.

RODRIGUES, João Carlos

[1988] 2001. *O negro brasileiro e o cinema.* Rio de Janeiro: Pallas.

SANTOS, Joel Rufino dos

1985. *Zumbi.* Rio de Janeiro: Moderna.

SANTOS, Juana Elbein dos

1986. *Os nagô e a morte: Pàde, Àsèsè e o culto a Egun na Bahia.* Petrópolis: Vozes.

_____ & Descóredes M. SANTOS

1993. "A cultura nagô no Brasil". *Revista da USP*, n. 18, pp. 40-51.

SILVA, Conceição de Maria Ferreira

2010. *Barravento, Orí e Santo Forte: representação das religiões afro-brasileiras no cinema.* Dissertação de mestrado. Goiânia: Universidade Federal de Goiás.

SILVA, Joana Maria Ferreira da

2012. *O centro de cultura e arte negra.* São Paulo: Selo Negro.

SILVA, Sandra Martins da

2018. *O GTAR (Grupo de Trabalhos André Rebouças) na Universidade Federal Fluminense: Memória social, intelectuais negros e a universidade pública (1975/1995).* Dissertação de mestrado. Rio de Janeiro: Universidade Federal do Rio de Janeiro.

SMITH, Christen

2015. "A iluminação poética de Beatriz Nascimento", in A. Ratts & B. N. F. Gomes (orgs.), *Todas (as) distâncias: poemas, ensaios e aforismos de Beatriz Nascimento.* Salvador: Ogum's Toques Negros, pp. 141-48.

SODRÉ, Muniz

1983. *A verdade seduzida: por um conceito de cultura no Brasil.* Rio de Janeiro: Codecri.

1988. *O terreiro e a cidade: a forma social negro-brasileira.* Petrópolis: Vozes.

SÓLON, Sílvia

1977. "Debate: um racismo cordial?". *Folha de S.Paulo*, 31 mai. 1977, p. 31.

SOUZA, Neuza Santos

1983. *Tornar-se negro: as vicissitudes da identidade do negro em ascensão.* Rio de Janeiro: Graal.

TAVARES, Julio Cesar de Souza

1984. *Dança de guerra: arquivo-arma.* Brasília: UNB.

TRAPP, Rafael P.

2018. *O elefante negro: Eduardo de Oliveira e Oliveira, raça e pensamento social no Brasil (São Paulo, década de 1970).* Tese de doutorado. Rio de Janeiro: Universidade Federal do Rio de Janeiro.

UMOJA, Akyniele; Karin L. STANFORD & Jasmin A. YOUNG (orgs.)

2018. *Black Power Encyclopedia: From Black Is Beautiful to Urban Uprisings.* Santa Barbara: Greenwood.

VERSUS

2014. *Afro-Latino-América.* São Paulo: Editora Perseu Abramo/ Soweto Organização Negra.

VIRILIO, Paul

1977. *Vitesse et politique.* Paris: Éditions Galilée [ed. bras.: *Velocidade e política*, trad. Celso Mauro Paciornik. São Paulo: Estação Liberdade, 1996].

XAVIER, Ismail

1982. "Cinema e descolonização". *Revista Filme Cultura*, n. 40, pp. 23-27.

SEM AUTORIA CONHECIDA

1977. "'Quinzena do Negro' inicia com debates na USP". *O Estado de S. Paulo*, 22 mai. 1977, p. 35.

1977. "Quinzena do Negro". *Jornal do Brasil*, Caderno B, 28 mai. 1977, p. 4.

1977. "Palestras". *Jornal do Brasil*, Caderno B, 30 nov. 1977, p. 8.

1978. "Televisão". *Jornal do Brasil*, Caderno B, 5 jun. 1978, p. 7.

1979. "Informe JB". *Jornal do Brasil*, 1º Caderno, 31 mai. 1979, p. 6.

1980. "Brasil e EUA vistos sem esteriótipos". *Jornal do Brasil*, Caderno B, 2 set. 1980, p. 2.

CATÁLOGOS E PORTFÓLIOS

GERBER, Raquel

1989. *Orí.* São Paulo: Angra Filmes.

1995. *Momentos do cinema afro-brasileiro.* São Paulo: Cinusp.

DOCUMENTOS AUDIOVISUAIS

Abá, de Raquel Gerber. São Paulo: Angra Filmes, 1992, 16 min.

Abolição, de Zózimo Bulbul. Rio de Janeiro: MinC/ Embrafilme/ Cinematográfica Equipe, 1988, 150 min.

África, mundo novo, de Hermano Penna e José Antonio Barros Freire. São Paulo: Blimp Filmes/ Central Globo de Jornalismo, 1981, 430 min.

Alma no olho, de Zózimo Bulbul. Brasil, 1974, 11min.

Barravento, de Glauber Rocha. Salvador: Iglu Filmes, 1962, 80 min.

Cry Freedom, de Richard Attenborough. London: Marble Arch Productions, 1987, 157 min.

Compasso de espera, de Antunes Filho. São Paulo: Embrafilme, 1973, 98 min.

Divas negras do cinema brasileiro, de Vik Birkbeck e Ras Adauto. Rio de Janeiro: Enugbarijô Comunicações, 1989, 57 min.

Fio da memória, de Eduardo Coutinho. Rio de Janeiro: Fundação de Artes do Estado do Rio de Janeiro, 1991, 120 min.

Ganga zumba: rei dos palmares, de Cacá Diegues. São Paulo: Copacabana Filmes, 1963, 120 min.

Ilê Xoroquê, de Raquel Gerber. São Paulo: Angra Filmes, 1981, 34 min.

Lúcio Flávio, o passageiro da agonia, de Hector Babenco. São Paulo: HB Filmes, 1977, 120 min.

O negro: da senzala ao soul, de Gabriel Priolli Neto e Armando Figueiredo Neto. São Paulo: TV Cultura 1977, 45 min.

Orí, de Raquel Gerber, com textos e narração de Beatriz Nascimento. Rio de Janeiro: Angra Filmes, 1989, 89 min.

Quando o crioulo dança, de Dilma Lóes. Rio de Janeiro: Loés Produções, 1988, 29 min.

Quilombo, de Cacá Diegues. Rio de Janeiro: Embrafilme, 1976, 114 min.

O rei da noite, de Hector Babenco. São Paulo: HB Filmes, 1975, 97 min.

Roots, série de TV de Marvin J. Chomsky, John Erman, David Greene e Gilbert Mose. California: Warner Bros, 1977.

Sítio do Picapau Amarelo, série de TV de Geraldo Casé. Rio de Janeiro: Rede Globo/ TVE Brasil/ Ministério da Educação e Cultura, 1977–86.

Xica da Silva, de Cacá Diegues. Rio de Janeiro: Embrafilme, 1976, 127 min.

DRAMATURGIA

E agora falamos nós, de Thereza Santos e Eduardo de Oliveira e Oliveira. Rio de Janeiro: Centro de Cultura e Arte Negra, 1971-73.

Arena conta Zumbi, de Augusto Boal. São Paulo: Teatro de Arena, 1975.

88 – A causa da liberdade, de Domingos de Oliveira. Rio de Janeiro, 1988.

FOTOGRAFIA 3 × 4. S.D.
© Fundo Maria Beatriz Nascimento / Arquivo Nacional.

SOBRE A AUTORA

MARIA BEATRIZ NASCIMENTO nasceu em 12 de julho de 1942, em Aracaju. Em 1949, migrou com a família para Cordovil, na zona norte do Rio de Janeiro. Em 1968, ingressou na graduação em história na Universidade Federal do Rio de Janeiro (UFRJ), concluindo o bacharelado em 1971 e a licenciatura em 1972. Durante esse período, fez estágio em pesquisa no Arquivo Nacional e, depois de formada, lecionou na rede estadual fluminense de ensino. A partir da década de 1970, consagrou-se como intelectual e militante do movimento negro, atuando em cursos, encontros, conferências, congressos e simpósios voltados sobretudo a discutir relações étnico-raciais no Brasil e na diáspora africana, cultura e pensamento negro, e a experiência das mulheres negras. Em 1975, ajudou a fundar o Grupo de Trabalho André Rebouças na Universidade Federal Fluminense (GTAR–UFF), participando também do Instituto de Pesquisas das Culturas Negras (IPCN), criado no mesmo ano. Em 1977, foi conferencista da Quinzena do Negro na Universidade de São Paulo (USP), evento organizado por Eduardo de Oliveira e Oliveira e marco histórico do ativismo antirracista no país. Iniciou mestrado em história pela UFF em 1979 e em 1981 concluiu especialização em história pela mesma instituição com o trabalho "Sistemas alternativos organizados pelos negros: dos quilombos às favelas". Em 1989, foi lançado *Orí* (dir. Raquel Gerber), do qual participou como personagem, narradora e autora de textos que integram o documentário. Deu início a outro mestrado em 1994, em Comunicação Social, pela UFRJ, com orientação de Muniz

Sodré. Realizou uma série de viagens internacionais ligadas a seu trabalho acadêmico, poético e ativista, em especial a outros países da diáspora africana: em 1979, para a Angola, passando por Portugal; em 1988–89, para o Senegal; em 1991, para a Martinica; em 1994, para a Alemanha. Em 1995, aos 52 anos, foi assassinada, após uma discussão, pelo companheiro de uma amiga que sofria violência conjugal. Em 2021, foi homenageada com o título de doutora *honoris causa* pela UFRJ e, em 2022, tornou-se a primeira mulher negra a receber o mesmo título pela UFF. A principal biblioteca do Arquivo Nacional, criada em 1876, foi batizada com seu nome em 2016.

OBRAS SELECIONADAS

Uma história feita por mãos negras: relações raciais, quilombos e movimentos, Alex Ratts (org.). São Paulo: Zahar, 2021.
Todas (as) distâncias: poemas, aforismos e ensaios de Beatriz Nascimento, Alex Ratts e Bethania Gomes (orgs.). Salvador: Ogum's Toques Negros, 2015.

SOBRE O ORGANIZADOR

ALEX RATTS nasceu em 1964, em Fortaleza. Em 1988, graduou--se em Arquitetura e Urbanismo pela Universidade Federal do Ceará (UFC), em 1996 concluiu o mestrado em Geografia Humana pela Universidade de São Paulo (USP) e em 2001, o doutorado em Antropologia Social, também pela USP, tendo realizado estágio pós-doutoral em geografia na UFC em 2015. Desde 2001, atua como professor da Universidade Federal de Goiás (UFG), na qual leciona nos cursos de graduação e pós-graduação em geografia e de pós-graduação em antropologia, além de coordenar o Laboratório de Estudos de Gênero, Étnico-Raciais e Espacialidades do Instituto de Estudos Socioambientais (LaGENTE/Iesa/UFG). Estuda questões de raça, gênero, sexualidade e espaço em perspectiva interseccional, com foco na intelectualidade negra. É também poeta e ativista do movimento negro.

OBRAS SELECIONADAS

Eu sou atlântica: sobre a trajetória de vida de Beatriz Nascimento. São Paulo: Imprensa Oficial/ Instituto Kwanza, 2006.
Lélia Gonzalez. São Paulo: Selo Negro, 2010 (com Flavia Rios).

BEATRIZ NASCIMENTO S/D
© Fundo Maria Beatriz Nascimento / Arquivo Nacional.

RAQUEL GERBER E BEATRIZ NASCIMENTO EM BRASÍLIA. NOV. 1990.
© Fundo Maria Beatriz Nascimento / Arquivo Nacional.

Dados Internacionais de Catalogação na Publicação (CIP)
Elaborado por Odilio Hilario Moreira Junior – CRB-8 / 9949

N244n Nascimento, Maria Beatriz [1942–95]
       O negro visto por ele mesmo / Maria Beatriz
       Nascimento; organizado por Alex Ratts;
       posfácio de Muniz Sodré; texto de Bethania
       Nascimento Freitas Gomes.
       São Paulo: Ubu Editora, 2022, 240 pp.
       ISBN 978 85 7126 081 8

1. Negritude. 2. Racismo. 3. História. 4. Política. 5. Movimento Negro. I. Ratts, Alex. II. Título.

2022–3161   CDD 305.896   CDU 323.13

Índice para catálogo sistemático:
1. Movimento Negro 305.896
2. Movimento Negro 323.13

© Bethania Nascimento Freitas Gomes, 2022
© Ubu Editora, 2022

IMAGEM DA CAPA © Abdias Nascimento, *Afro Estandarte*, 1993,
c. 80 cm × 50 cm. Acervo Ipeafro.

COORDENAÇÃO EDITORIAL Florencia Ferrari e Maria Chiaretti
EDIÇÃO DE TEXTO Gabriela Naigeborin
REVISÃO Livia Campos e Débora Donadel
DESIGN Elaine Ramos
ASSISTENTE DE DESIGN Júlia Paccola
COMPOSIÇÃO Laura Haffner
TRATAMENTO DE IMAGEM Carlos Mesquita
PRODUÇÃO GRÁFICA Marina Ambrasas

EQUIPE UBU

DIREÇÃO Florencia Ferrari
DIREÇÃO DE ARTE Elaine Ramos e Júlia Paccola (assistente)
COORDENAÇÃO Isabela Sanches
EDITORIAL Bibiana Leme e Gabriela Naigeborin
DIREITOS AUTORIAS Júlia Knaipp
COMERCIAL Luciana Mazolini e Anna Fournier (assistente)
CIRCUITO UBU Maria Chiaretti e Walmir Lacerda (assistente)
GESTÃO CIRCUITO UBU Laís Matias
ATENDIMENTO Micaely Silva

*A Ubu Editora agradece a Marília Rocha
pelo auxílio na pesquisa iconográfica.*

UBU EDITORA
Largo do Arouche 161 sobreloja 2
01219 011 São Paulo SP
ubueditora.com.br
professor@ubueditora.com.br
 /ubueditora

FONTES
Karmina e Ruben
PAPEL
Pólen soft 80 g/m²
IMPRESSÃO
Margraf